Mosaik

Reinhard Witt

Hobby Natur Vogelbeobachtung durch das Jahr

Grundwissen – Beobachtungsprojekte
für jeden Monat – zahlreiche
Tips – Vogelschutz

Der Mosaik Verlag ist ein Unternehmen
der Verlagsgruppe Bertelsmann

© 1993 Mosaik Verlag GmbH,
München / 5 4 3 2 1
Texte: Reinhard Witt
Illustrationen: Steffen Walentowitz
Redaktion: Jutta Hamberger
Layout und Herstellung:
Martin Strohkendl
Satz: Filmsatz Schröter GmbH, München
Druck und Bindung: Alcione, Trento
Printed in Italy
ISBN 3-576-10175-6

Vögel kann man an vielen Stellen beobachten. Schon eine Pfütze reicht als komfortabler Badeplatz. Im Bild ein badender Buchfink.

Auf Vögel trifft man überall. Das garantiert wunderbare Augenblicke, wobei die Schönheit des Beobachteten und das Alter des Beobachters eine untergeordnete Rolle spielen.

INHALT

Viele Augen (und Fernrohre) sehen mehr. Vogelbeobachtung macht auch in der Gruppe Spaß. Für den Anfang sind solche Ausflüge besonders hilfreich. Man profitiert vom Wissen aller Teilnehmer.

Gerade am Haus und in seiner Umgebung findet man viele liebenswerte Motive. Rechts ein flügges Rotkehlchen im Schuppen; ganz rechts ein balzendes Kolkrabenpärchen.

Spielregeln für Vogelforscher

Vogelforscher sind oft in freier Natur unterwegs. Weil naturnahe Landschaften den größten Beobachtungserfolg versprechen, wird man bei einer Vogelexkursion speziell solche Gebiete aufsuchen: Wälder, Seen, Moore, Watt, Feuchtwiesen, Hecken oder andere ökologisch wertvolle Lebensräume. Oftmals sucht der Vogelfreund sogar absichtlich jene (ruhigen) Zonen auf, die der Massentourismus bislang noch verschonte. Man sollte sich aber immer darüber im klaren sein: Jede (Be)Nutzung bedeutet auch eine Beeinträchtigung für die natürlichen Bewohner der Lebensräume.

Trotz bester Absicht werden Pflanzen zertreten, Tiere vergrämt, wobei Einzelpersonen abseits der üblichen Routen noch stärker stören als Gruppen auf vorgeschriebenen Wanderwegen. Der Konflikt zwischen Freizeitverhalten und Naturschutz ist also vorprogrammiert. Ein verantwortlicher Vogelbeobachter aber wird die Störung auf ein Mindestmaß beschränken. Ja, er wird sich im Zweifelsfall sogar zurückziehen und auf die Beobachtung verzichten. Das Wohl der Beobachteten wiegt mehr als die Entdeckerfreude des Beobachters.

Vogelbeobachter nehmen aufgrund ihres speziellen Interesses eine Vorbildfunktion ein. An ihnen orientiert man sich. Wer noch unsicher ist, kann sich an die »10 Spielregeln für Vogelforscher« halten, die von großen Vogelschutzverbänden Europas aufgestellt wurden.

Vogelbeobachtung heißt, nicht nur auf Vögel zu achten, sondern sie auch zu beachten, als eigenständige Lebewesen.

10 Spielregeln für Vogelforscher

1. Naturschutz geht über Naturerlebnis
Alle Handlungen sind nur statthaft, solange die Lebensräume nicht gefährdet werden.

2. Kein Eigennutz beim Beobachten
Der Vogel darf unter der Beobachtung nicht leiden. Störungen minimieren.

3. Abstand zu Nestern und Rastplätzen
Nie zu nahe herangehen. Sicherheitsabstand halten.

4. Gesetzliche Einschränkungen einhalten
Verbote und Schutzverordnungen gelten für jedermann. Vogelbeobachter besitzen keinen Sonderstatus.

5. Grundstücksrechte nicht verletzen
Betreten von Privatgelände nur mit Einwilligung des Eigentümers.

6. Vorbild für alle sein
Im Inland, besonders aber im Ausland stets im Sinne des Naturschutzes auftreten.

7. Rücksicht gegenüber Mitmenschen üben
Jeder hat das Recht auf Naturbeobachtung. Bei offensichtlichen Verstößen den anderen aufklären.

8. Aufzeichnungen machen
Falls möglich, Beobachtungsergebnisse festhalten, um sie nachprüfbar zu machen.

9. Reden ist Silber, Schweigen ist Gold
Bei Standorten gefährdeter Arten gegenüber der Öffentlichkeit zurückhaltend sein.

10. Fachleute informieren
Wichtige Beobachtungen Fachleuten oder Institutionen melden. Hier werden die Angaben gesammelt.

Ausrüstung und Dokumentation

Womit man Vögel erforscht

Wer sich ernsthaft mit Vögeln beschäftigen will, kommt um ein Fernglas nicht herum. Ohne ein gutes Sichtgerät lassen sich viele Arten nicht eindeutig bestimmen, und von anderen wird man gar nichts sehen, weil der Vogelforscher nicht nahe genug herankommt. Mit einem guten Glas muß er das auch nicht, das Fernglas ist also auch ein Beitrag zum Vogelschutz! Für den Neuling empfiehlt sich ein handliches, nicht zu schweres Glas mit mittlerer Lichtstärke und nicht zu starker Vergrößerung: 8×30 ist optimal. Die erste

Die Qual der Wahl: Ferngläser sind leichtgewichtig (oben). Mit Fernrohren sieht man mehr (unten).

Feldstecher mit Porroprismen sind kürzer, dafür aber breiter. Der Lichtstrahl geht um die Ecke.

Modelle mit Dachkantprismen sind schmaler, dafür aber länger. Der Lichtstrahl läuft geradeaus.

Checkliste für Fortgeschrittene

Für unterwegs
▷ Spektiv mit Stativ für Distanz-
beobachtungen
▷ Notizbuch oder Diktiergerät
▷ Kasettenrecorder (CD-Player),
Mikrofon und Vogelstimmen-
kassetten oder -CDs
▷ vorgedruckte Artenliste zum
Ankreuzen
▷ Skizzenblock und Farbstifte
▷ Vergrößerungsglas und Pinzette
zur Untersuchung von Gewöllen
▷ Sammelbehälter (z. B. Film-
dosen) für kleine Funde

▷ Plastiktüten oder Boxen für
große Funde und Federn
▷ Lineal zum Ausmessen von
Körperproportionen und Federn
▷ Wanderkarte 1:4000 bis 1:25 000
▷ Kompaß

Für Zuhause
▷ ausführliche Bestimmungs- und
Fachliteratur über Aussehen und
Verhalten, Eier und Nestformen
▷ Kassetten, Platten oder Compactdiscs mit Gesängen und Geräuschen
von Vögeln

TIP:

Eine Skizze kann eine gute
Bestimmungshilfe sein.
Doch bevor Sie zu
Zeichenstift und Block
greifen, den unbekannten
Vogel so lange wie
möglich beobachten und
Proportionen und Färbung
genau einprägen. Sofort
nach dem Abflug die
Eindrücke zu Papier
bringen.

Zahl bezeichnet dabei die Vergrößerung (8fach), die zweite den Objektiv-
durchmesser in Millimetern (30 mm).
Doch auch 9×35 oder 10×40 eignen
sich noch. Stärkere Gläser (ab 12×50)
verwackeln leicht, für sie empfiehlt
sich ein Stativ. Der ambitionierte Vogelfreund wird vielleicht irgend-
wann ein Spektiv (monokulares Fernrohr) zulegen. Die 20- bis 60fache Vergrößerung holt auch den entferntesten
Vogel noch vors Auge. Doch auch hier
ist ein Stativ unabdingbar.

Die nächste wichtige Anschaffung betrifft ein Bestimmungsbuch. Mehrere
Bedingungen sollte es erfüllen:
▷ Es muß leicht und handlich sein
(Taschenbuchformat), sonst bleibt es
immer zu Hause liegen.
▷ Es sollte alle in der Umgebung vorkommenden Arten enthalten. Die gän-
gigen Feldführer behandeln die Vogelwelt Europas.
▷ Die Vögel müssen farbig abgebildet
sein. Illustrationen sind Fotos meist
überlegen, weil sie die Charakteristika
stärker herausstellen. Besonders hilfreich ist es, wenn die wichtigen Unter-
scheidungsmerkmale deutlich gekenn-
zeichnet sind.

▷ Es sollten Männchen und Weibchen
dargestellt sein.
▷ Es ist sinnvoll, wenn die Art nicht
nur in ihrem Prachtkleid, sondern auch
im Wintergefieder oder im Jugendkleid gezeigt wird.
▷ Der Text darf nicht unübersichtlich
sein. Das Wichtigste über Aussehen,
Kennzeichen, Lebensraum und Ver-
breitung muß in Kürze gesagt werden.
▷ Verbreitungskarten stellen eine weitere nützliche Bereicherung dar.
Steckt man sich schließlich noch ein
kleines Tagebuch samt Schreibstift ein,
in das die aktuellen Befunde eingetragen werden, ist man gut gerüstet. Die
Praxis zeigt, daß die momentanen Eindrücke sehr schnell verwischen, wenn
man die Beobachtungen erst daheim
nachprüfen kann. Deshalb sollten Sie
die Eigenarten einer Vogelart gleich
notieren.
In das Tagebuch kommen auch Sofort-
Skizzen, welche Ihnen die nachträg-
liche Bestimmung sehr erleichtern.
Profis tragen für solche Fälle außerdem einen Skizzenblock samt Farbstif-
ten bei sich. Aber auch als Laie können
Sie hilfreiche Faustskizzen fertigen,
die Umrisse, Färbung und Flugweise
festhalten.

Vögel im Objektiv

Von Schnappschüssen und Starfotos

Vögel werden aus den verschiedensten Gründen fotografiert. Etwa, um
▷ ein schönes Erlebnis festzuhalten,
▷ eine unbekannte Art zu bestimmen,
▷ ein bestimmtes Verhalten zu belegen,
▷ einen Nachweis für eine seltene Art zu geben,
▷ eine unübersichtliche Situation (abfliegender Schwarm) im Nachhinein besser erfassen und auswerten zu können,
▷ die Bilder für Vorträge, Zeitschriften und Bücher zu nutzen.

Der Hobbyforscher wird in der Regel aus den ersten drei Gründen Bilder machen. Wer noch nie Vögel fotografiert hat, sollte sich jedoch das Ziel

Die meisten Starfotos sind zugleich Schnappschüsse. Nur sekundenlang verharrt der Turmfalke mit der Maus in dieser Position. Der Fotograf drückte im richtigen Moment auf den Auslöser.

nicht zu hoch stecken. Zunächst einmal kommt es auf den Spaß an der Sache an. Deshalb empfiehlt sich die leichteste Übung zuerst: Die Motivsuche im unmittelbaren Wohnbereich. Vögel im Garten, am Haus, in der Stadt bieten viele Gelegenheiten für sehenswerte Bilder. An ihnen kann man die grundsätzlichen Schwierigkeiten der Tierfotografie am leichtesten überwinden. Es gilt,

▷ einerseits schnell zu reagieren, wobei hastige Bewegungen zu vermeiden sind,

▷ stets mehrere Aufnahmen von einem Objekt zu machen – denn nicht alle gelingen,

▷ mit kurzen Belichtungszeiten zu arbeiten – die Bilder sind sonst oft unscharf,

▷ eine ruhige Hand oder ein Stativ zu führen,

▷ viel Geduld und Zeit mitzubringen.

Um eine Amsel bildfüllend abzulichten, muß der Fotograf sich näher anpirschen, als er es gewöhnlich machen würde. Zwei Tricks verkürzen jedoch die Distanz: Eine lange Brennweite oder ein Versteck (ersatzweise eine optimale Tarnung). Für technisch perfekte Vogelaufnahmen braucht man eine Brennweite von mindestens 200 mm, besser sind 400 mm. Experten gehen sogar bis zu 1000 mm. Eine Kleinbild-Spiegelreflexkamera mit entsprechenden Wechselobjektiven leistet gute Dienste. Ausgereift sind inzwischen auch die einfach zu bedienenden Zoomobjektive. Eine automatische Belichtung erleichtert das Fotografieren vor schnell wechselndem Hintergrund (fliegender Vogel). Wer keine Zeit hat, sich ein Versteck zu bauen, setzt sich ins Auto, das Vögel gemeinhin nicht als Feind ansehen. So kann der Fotograf langsam ans gewünschte Objekt heranrollen. Das geht freilich nur auf Wegen in der Landschaft. Wer Zeit hat, konstruiert sich ein Tarnzelt und wartet. Noch eleganter

ist die Fernbedienung der Kamera per Draht- oder Luftdruckauslöser. So lassen sich exzellente Aufnahmen machen, ohne die Tiere allzu sehr zu stören. Oftmals kommt man hier zwar nicht am Blitzlicht vorbei, doch das scheint Vögel kaum zu irritieren. An dieser Stelle sei jedoch ausdrücklich betont, daß laut Bundesnaturschutzgesetz bei bedrohten Arten Aufnahmen am Nest generell verboten sind. Zu viele Bruten sind durch rücksichtslose Fotografen schon vernichtet worden.

Davon abgesehen liegen auch abseits des Nistortes viele lohnende Motive. Außerdem: Für Anfänger (aber auch für kundige Ornithologen) bleibt der Fotoapparat eine der wichtigsten Bestimmungshilfen. Wobei es in der Regel weniger auf die »Qualität« der Aufnahme ankommt als auf die Möglichkeit, später ganz in Ruhe die beobachtete Vogelart herauszufinden. Auch ein unscharfes Foto führt da oftmals weiter als eine noch so detaillierte Beschreibung.

Im freien Gelände mangelt es an natürlichen Verstecken. Wer, wie hier im Watt, dicht an sein Motiv herankommen will, benötigt eine aufwendige Tarnzelt-Konstruktion.

Kleidung

Motto: Es gibt kein schlechtes Wetter, nur ungeeignete Kleidung. Grundsätzlich gilt: Lieber zu warm, als zu kalt anziehen (Wetterumstürze), notfalls etwas ausziehen. Wind- und wasserdichte Oberbekleidung (Overall, Anorak) bewähren sich auf längeren Exkursionen. Bei Jacken auf viele Taschen zum Einstecken von Ausrüstungsmaterial und Fundstücken achten. Praktischer als eine Umhängetasche ist der Rucksack. In dornigem Gelände reißfesten Überzug anlegen und lange Hosen tragen. Tarnfarbene Kleidung (grün/braun) ist tagsüber immer von Vorteil. Sonnenhut gegen Hitze nicht vergessen. Für sumpfiges Gelände Gummistiefel und Mückenschutzmittel mitnehmen. Ins Gebirge nur mit Bergschuhen.

TIP:

Ausgezeichnete Vogelmotive bietet der eigene Garten. Speziell Futterstellen, Vogeltränke und Naturteich haben schon manches Starfoto ermöglicht. Eventuell lohnt hier sogar die Fernbedienung mit Drahtauslöser oder ein kleines Versteck in der Nähe.

Die Bestimmung von Wasservögeln ist eine besonders reizvolle Aufgabe. Obwohl nur die oberen zwei Drittel des Vogelkörpers herausschauen, kann der Beobachter oft schon von weitem Genaueres sagen. Die Umrisse sind hilfreiche Bestimmungsmerkmale. Im Vergleich wichtig sind vor allem die Proportionen von Kopf, Hals und Rumpf. Auch die Lage im Wasser und schließlich die Bewegungsweise spielen eine Rolle.

1 Teichhuhn
2 Bläßhuhn
3 Reiherente
4 Haubentaucher
5 Stockente
6 Prachttaucher
7 Kormoran

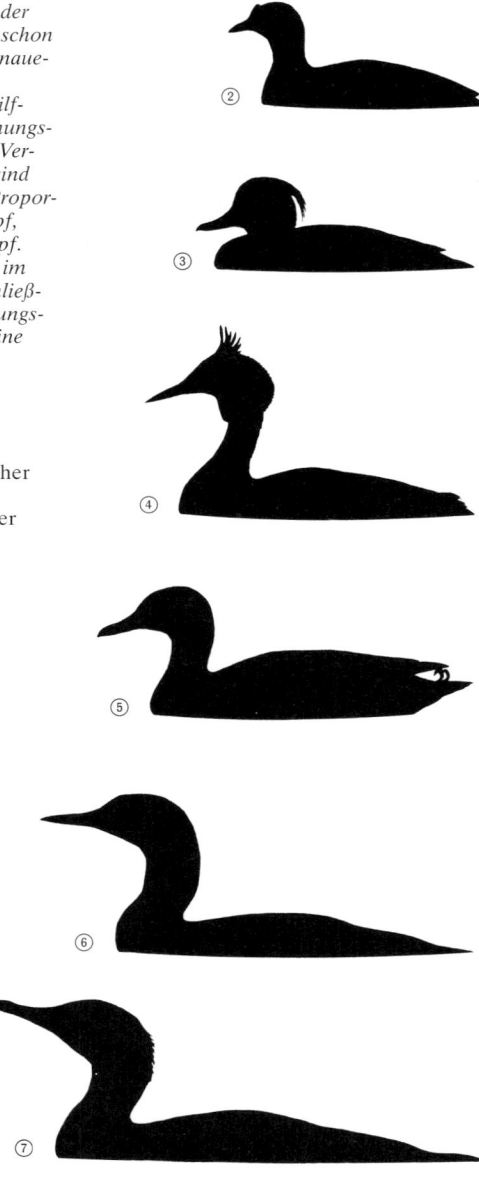

Vogelbestimmung aus der Ferne

Ferndiagnose

Vögel sind agil und beweglich. Sie ändern laufend ihre Position und verändern dazu ihre Gestalt. Ein Buchfink sieht auf dem Boden anders aus als auf dem Baum, wieder anders fliegend. Dennoch gibt es Anhaltspunkte, die zur Bestimmung hilfreich sind. Da wäre zunächst einmal die Körperform, die Gestalt. Manchmal ist dies sogar der einzige Hinweis, den man von weitem erhält. Beispielsweise kann man im Gegenlicht von einem Vogel in der Baumkrone einer Buche oft nur grobe Umrisse erkennen. Bei der Unterscheidung achtet man vor allem auf die Proportionen von Kopf und Rumpf, Schwanz und Beinen. Auch die Schnabelform kann eine wichtige Bestimmungshilfe sein. Hat der Vogel einen dicken, dünnen, stumpfen, spitzen, gebogenen, geraden, langen oder kurzen Schnabel? Sind seine Füße lang oder kurz, schmal oder kräftig? Ist der Rumpf kräftig oder eher fein gebaut? Erscheint der Kopf deutlich vom Rumpf abgesetzt oder geht er in der Körper über? Das alles sind Fragen, über die man der gesuchten Vogelart näherkommt. Nähere Einzelheiten lassen sich dann Bestimmungsbüchern entnehmen. Selbst auf Wasseroberflächen hat man mit dieser Methode Erfolg, wenngleich hier nur Körperumrisse, Halslänge, Kopf und Schnabel zählen. Als zusätzliche Erkennungszeichen kommt aber in Frage, ob der Vogel hoch oder tief im Wasser liegt.

Freilich ist der Vogelbeobachter hier erst bei einer groben Klassifizierung angelangt. Mit Hilfe der Silhouette kann man vielleicht einen Taucher gut von einer Ente, einen Finkenvogel von einer Meise, den Kleiber von Baumläufer oder Buntspecht und einen Rotschwanz von einer Bachstelze unter-

Im Gegenlicht oder frühmorgens und spätabends erkennt man oft nur die Umrisse eines Vogels. Doch zusammen mit der Bewegungsweise, der Größe und dem Aufenthaltsort helfen Silhouetten vielfach weiter. Einige der Schattenbilder sind so typisch, daß man unzweifelhaft die Art identifizieren kann. Dies trifft etwa auf Kleiber, Zaunkönig und Elster zu. In anderen Fällen läßt sich zumindest bis in die nähere Verwandtschaft bestimmen: So unterscheiden sich die Silhouetten von Amsel und Singdrossel kaum. Ähnlich ist es bei Grasmücken, Sperlingen, Stelzen und Meisen.

1 Zaunkönig
2 Zilpzalp
3 Rotkehlchen
4 Blaumeise
5 Grauschnäpper
6 Dorngrasmücke
7 Buchfink
8 Bachstelze
9 Kleiber
10 Feldlerche
11 Amsel
12 Haussperling
13 Buntspecht
14 Sperber
15 Elster
16 Ringeltaube
17 Waldkauz

scheiden. Oft genug aber reicht das noch nicht. Mehr noch als der Umriß verrät die Bewegungsweise etwas über den Vogel. Teichhühner und Bläßhühner schwimmen mit typischem Kopf- nicken, Taucher nicht. Bachstelzen zeichnet das Schwanzwippen aus, sie laufen mit Trippelschritten. Buchfinken und Amsel wiederum hüpfen beidbeinig, während Stare schreiten. Eine

Schon am Flugbild lassen sich Vögel unterscheiden: Die Flugbahn kann gerade oder wellenförmig sein. Es wird häufig oder vergleichsweise wenig mit den Flügeln geschlagen. Manche Arten gleiten zwischendurch eine bestimmte Strecke. Die Grafik zeigt für einige Arten typische Flugbewegungen.

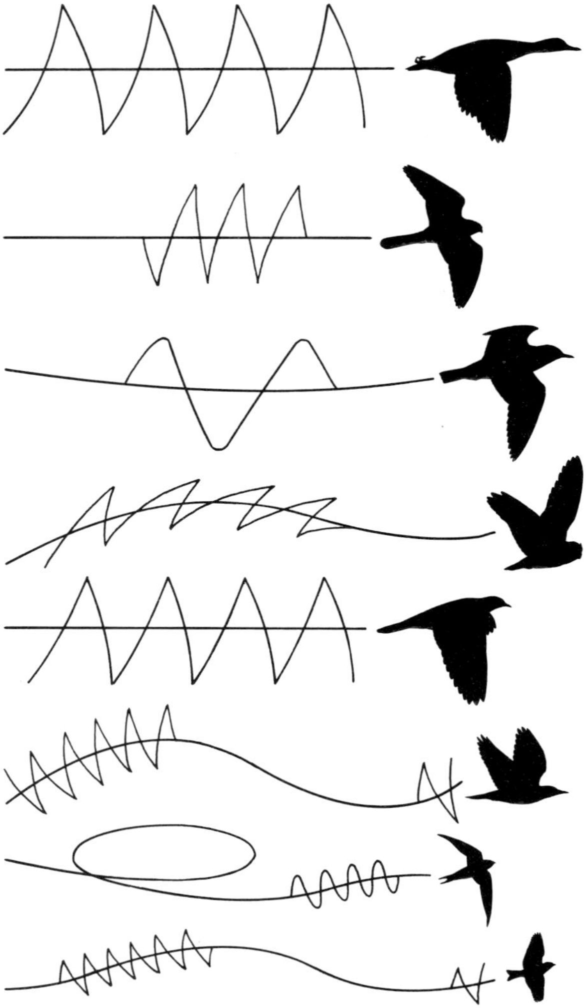

Stockente

Turmfalke

Sturmmöwe

Waldohreule

Ringeltaube

Buntspecht

Mauersegler

Buchfink

TIP:

Bei der Größeneinschätzung von unbekannten Vögeln mit dem Fernglas ist der Vergleich mit bereits bekannten Objekten hilfreich, die sich in unmittelbarer Nähe befinden. Hierfür kommen belebte wie unbelebte Dinge in Frage, z. B. Blätter, Blüten, Früchte, Äste, Dachziegel, Stockente, Amsel, Dackel.

Blaumeise turnt kopfunter an Zweigen, was eine Mönchsgrasmücke nie machen würde, usw. Selbst die Bewegung in der Luft läßt Aufschlüsse zu. Spechte und Finken fliegen in Wellenbewegungen und schlagen nur zeitweise mit den Flügeln. Enten, Gänse und Falken fliegen in einer Linie und mit sehr schnellen Schlägen, während eine Rabenkrähe langsam rudert. Möwen hingegen können langsam rudern oder still segeln.

Eine wichtige Bestimmungshilfe stellt schließlich die Körpergröße dar. Sie läßt sich zwar oft nur ungefähr ermitteln. Das reicht aber vielfach schon zur Eingrenzung aus. Wichtig ist hierbei, sich Vergleichsgrößen häufiger Vogelarten zu merken. Wer weiß, ob der fragliche Vogel größer oder kleiner ist als Haussperling, Amsel, Ringeltaube, Stockente, Rabenkrähe oder Bussard (siehe Silhouetten auf Seite 15), ist schon einen Riesenschritt weiter.

Farbe und Gefieder

Wie man einen Vogel richtig beschreibt

»Der Vogel war schwarz-weiß, ziemlich aufgeregt und rief immer wieder«. Welche Art steckt wohl hinter dieser – zugegeben reichlich ungenauen – Beschreibung: Elster? Mantelmöwe? Bachstelze? Dompfaff? Schellente? Trauerschnäpper? Mehlschwalbe? Oder war es gar ein Buntspechtweibchen, bei dem der rote Bauch nicht sichtbar wurde?

Der Möglichkeiten sind deshalb so viele, weil – einmal abgesehen von der fehlenden Größe und Gestalt – nicht bezeichnet wurde, welche Gefiederteile weiß, welche schwarz waren. Genauigkeit hilft hier weiter: Elstern haben weiße Handschwingen, einen weißen Bauch und Flanken, der Rest ist (blau)schwarz. Buntspechte kennzeichnet eine schwarze Rückseite mit großen weißen Schulterflecken, eine weiße Kopffärbung, nur unterbrochen durch schwarze Bart- und Ohrstreifen?

und die schwarze Kopfplatte. Die Mantelmöwe indes ist bis auf Rücken und Oberseite der Flügeldecken weiß.

Wer einen Vogel richtig beschreiben will, beziehungsweise die Beschreibungen in Bestimmungsbüchern verstehen möchte, der tut gut daran, sich, bevor er loszieht, ein paar Fachbegriffe einzuprägen.

Wichtig zur Bestimmung ist die Färbung der Kopfplatte, des Augenrings und der Streifen zu, über oder unter den Augen. Der Nacken kann anders aussehen als der Rücken. Es gibt Arm- und Handschwingen, vielleicht eine Flügelbinde, bestimmt eine Bürzelregion und sicher den Schwanz. Nicht zu vergessen Bauch, Brust, Kehle und natürlich den Unter- und Oberschnabel. Soweit ein bißchen »Ornithologie« zum Allgemeinverständnis.

Derart mit Detailwissen gerüstet, sollte man nach einiger Übung im Prinzip in der Lage sein, auch sehr ähnlich aussehende Vogelarten wie Sommer- und Wintergoldhähnchen, Mistel- und Singdrossel, Saat- und Kurzschnabelgans, Grau- und Grünspecht zu unterscheiden. Doch leider sind Färbung

Scheitel · Oberschnabel · Unterschnabel · Kinn · Kehle · Ohr · Nacken · Rücken · Bürzel · Oberschwanzdecken · Brust · Handdecken · Armschwingen · Bauch · Schwanz · Unterschwanzdecken · Handschwingen · Lauf · Zehen

Typische Körpermerkmale eines Vogels am Beispiel des Rotkehlchens.

Nur im Prachtkleid
kann man das buntere
Männchen und das
braune Weibchen der
Krickente problem-
los unterscheiden.

Männchen (links)
und Weibchen des
Buchfinken (außen)
bleiben ganzjährig
verschieden gefärbt.
Allerdings sieht man
die Unterschiede im
Gefieder im Frühjahr
am deutlichsten.

Im Gegenlicht,
abends oder mor-
gens, bekommt man
oft nur einen Schat-
ten zu Gesicht. Kör-
pergröße, kurzer
runder Kopf und
langsamer, weit aus-
holender Ruderflug
kennzeichneten hier
einen Uhu.

Grundkurs Vogelbestimmung – vom Laien zum Fachmann

1. Merkmale erfassen
Vor Ort möglichst viele Merkmale auswerten. Vor allem auf Größe, Gestalt, Färbung von Schnabel, Beinen und Körper, Gefiedermuster, Flugbild, Ruhehaltung, Bewegungsformen und Stimme achten.

2. Umweltbedingungen einbeziehen
Lebensraum (Wald, Feldhecke, Mähwiese), Lebensumstände (Futtersuche, Gesang) und Jahreszeit (Brutzeit, Zugzeit) berücksichtigen.

3. Ergebnisse festhalten
Skizze oder Foto machen oder Stichworte notieren. Laute und Gesang aufnehmen.

4. Informationsquellen studieren
In einschlägigen Bestimmungsbüchern nachschauen. Laute und Gesang mit vorliegenden Tonaufnahmen vergleichen.

5. Fachkundigen Rat einholen
Bestehen an dieser Stelle noch Fragen, wendet man sich am besten an einen Fachmann.

6. Praxis erwerben
Nur durch ständiges Üben wird man zum Meister. Erworbenes Wissen im Freiland immer wieder auf die Probe stellen, deshalb beim Spaziergang das Fernglas nicht zuhause lassen. Auch fachkundig geführte Exkursionen bringen weiter.

7. Geduld bewahren
Experten schätzen, daß vom ersten selbstbestimmten Vogel bis zum Vogelkenner, der sich nur noch selten täuscht, drei Jahre vergehen. Haben Sie also Geduld mit sich.

und Gefiederzeichnung kein hundertprozentiges Bestimmungsmerkmal. Das hat viele Gründe. Zum einen spielen die Lichtverhältnisse eine große Rolle: Gegenlicht schwärzt geradezu, differenzierte Farbschattierungen gehen verloren. Auch Schatten verschluckt dunkle Muster, während dieselbe Gefiederpartie in der Mittagssonne deutlich hervortritt. Die Morgen- oder Abendsonne verleiht dagegen einen rötlichen Schimmer. Im Wald schließlich bekommen Farben einen Grünstich, über dem Wasser und am Strand wirken sie bleicher.

Hinzu kommt, daß Männchen und Weibchen entweder sehr unterschiedlich ausgefärbt sein können (Fasan, Dreizehenspecht, Buchfink, Amsel, Pirol) oder sich wenig oder gar nicht unterscheiden (Blaumeise, Star, Wiesenpieper, Mehlschwalbe, Mönchsgrasmücke). Auch verändert sich die typische Gefiederzeichnung meist im Laufe des Jahres (Balzzeit, Mauser). Die Bestimmung wird ferner erschwert durch den Umstand, daß Jungtiere die Charakterzeichnung oft noch nicht entwickelt haben (etwa beim Rotkehlchen). Auch können wichtige Merkmale (Flügelzeichnung bei Enten während des Schwimmens) verdeckt sein. Außerdem sehen sich bestimmte Arten zum Verwechseln ähnlich, z.B. Sumpf- und Weidenmeise oder Wald- und Gartenbaumläufer. Kurzum: So schön Farbe und Gefiederzeichnungen auch wirken mögen, als alleiniges Bestimmungsmerkmal reichen sie oft nicht aus. Der Vogelforscher weiß das und läßt sich nicht vom Farbenschein irritieren, sondern hört auch genau hin. Mögen manche Vögel sich auch rein äußerlich kaum unterschieden, so rufen und singen sie doch oft sehr verschieden.

Goldammern (großes Foto) gehören zu den Frühstartern, die schon ab Februar singen. Das einfache Lied der Grauammer auf dem Weidezaun (links oben) klingt wie das Klirren eines Schlüsselbundes, wogegen der Zaunkönig (rechts oben) eine kraftvoll-melodiöse Schmetterstrophe hinlegt. Die Nachtigall (rechts unten) flötet eigentlich immer aus dichtem Gebüsch.

Laute und Gesänge

Hinhören für Mitwisser

Ein sonniger Frühlingsmorgen: Die Salweidenkätzchen sind prallgelb mit Blütenstaub übersät, duften weit nach Honig. Wildbienen, Zitronenfalter und erste Schwebfliegen laben sich an dem süßen Futterangebot. In den einige Meter entfernten Korbweiden turnt ein Kleinvogel im Gezweig. Von der Silhouette her eine Meise, wahrscheinlich die Weidenmeise. Im Fernglas sieht man die typische, bis in den Nacken gezogene schwarze Kopfplatte, den schwarzen Kehlfleck, die graubraune Oberseite, rahmfarbene Flanken und eine gelbliche Unterseite. Auch der Lebensraum stimmt: eine Stelle am Flußlauf. Doch ist dies tatsächlich eine Weidenmeise? Der zweite Blick durchs Fernglas macht unsicher: Der schwarze Kehlfleck ist doch ziemlich klein, die Kopfplatte glänzend und nicht mattschwarz. Es könnte sich folglich auch um eine Sumpfmeise handeln.

An diesem Punkt bleiben auch Experten ratlos. Denn aus der Ferne betrachtet, unterscheiden sich Weiden- und Sumpfmeise so gut wie nicht. Allein

der Syrinx, produziert werden. Rufe geben Vögel ganzjährig von sich, sie dienen der Verständigung. Mit Rufen wird gewarnt, gedroht, gelockt oder gebettelt. Ruflaute sind kurz, klingen abgehackt und müssen meist nicht erlernt werden. Gesänge hingegen bestehen oft nur zum Teil aus angeborenen Grundmustern. Vielfach werden sie ganz oder teilweise erlernt, verändern sich sogar im Laufe des Lebens. Sie können sehr viel komplexer aufgebaut sein, setzen sich aus Untereinheiten (Elementen oder Silben) zusammen, die ihrerseits größere Einheiten (Strophen) aufbauen. Manche Sänger tragen zeitlebens nur eine Strophe vor (Zilpzalp), andere sind variabler (Misteldrossel), wieder andere wahre Virtuosen ihres Faches (Nachtigall, Sumpfrohrsänger). Das musikalische Repertoire einer Art hängt nicht zuletzt von der Ausbildung der 4–9 Paare Syrinxmuskeln ab. Diese Muskulatur spannt und entspannt die stimmgebenden Häutchen, so daß diese über dem Atemluftstrom in Schwingung geraten und Töne erzeugen.

Vogelkonzerte gehören vornehmlich in den Frühling. Dann nämlich aktivieren Geschlechtshormone die Sangeslust. In der Regel singen allein die Männchen, seltener die Weibchen. Mit abklingender Hormoneinwirkung läßt

die Stimme verrät die Art. Der Gesang von Weidenmeisen besteht aus einer Sequenz von »zjü-zjü-zjü«. Der Gesang der Sumpfmeise hingegen ist variabler: »zi-zi-zi« oder »zrrda«. Der Ton macht den Unterschied, und wo es auf Unterschiede ankommt, müssen wir genau hinhören.

Vogelgesang und Vogelrufe

Doch was heißt hier überhaupt Gesang? Und was trennt ihn vom Ruf? Beides nämlich gehört zu den Lautäußerungen der Vögel, die mit einem eigenen Stimmorgan im Brustraum,

Ein akustisches Meisterwerk sind die krächzenden Rufe der Nebelkrähe bestimmt nicht. Interessanter ist da schon der »Gesang«. Er besteht aus einem Schwätzen mit Einlagen verschiedener Naturimitationen.

Weidenmeise (oben links) und Sumpfmeise sind zum Verwechseln ähnlich. Charakteristisch ist jedoch ihr Gesang.

dann der Gesang nach. Wenige Arten zeigen darüberhinaus einen Herbstgesang. Noch weniger Arten verstummen auch in der kalten Jahreszeit nicht völlig. So lassen Rotkehlchen mitten im Winter einige Strophen ihres klaren perlenden Liedes ertönen. Zaunkönige belegen ihre Präsenz mit kraftvollen Schmetterstrophen.

Die Funktion des Gesangs

Biologisch gesehen hat der Gesang verschiedene Funktionen. Zuallererst ist er eine akustische Revieranzeige. Im Blätterdickicht des Waldes, im undurchdringlichen Heckengestrüpp bildet die Stimme den am weitesten reichenden Anwesenheitsbeleg. Optische Methoden des Besitzanspruches

So unterschiedlich sehen die Rufe von Weidenmeise und Sumpfmeise in einem Sonogramm aus, das die Tonhöhe und Lautstärke wiedergibt.

(prachtvolles Gefieder oder auffällige Körperformen) sind da längst nicht so nützlich. Ein singender Waldlaubsänger teilt auch jenseits der Sichtweite allen Artgenossen mit, wo er sein Brutrevier errichtet hat. Somit wirkt der Gesang abweisend für das gleiche Geschlecht. Reviernachbarn liefern sich regelrechte Gesangeswettkämpfe, in denen immer wieder die Grenzen des eigenen Gebietes abgesteckt werden. Die Gesänge erreichen dann ihren Höhepunkt, wenn ein fremder Vogel in bereits besetzte Reviere eindringt.

Doch der Gesang hat außerdem auch die umgekehrte Funktion: er lockt an. Ledige Revierinhaber singen viel öfter als bereits verpaarte. Hiermit teilen sie den Weibchen mit, daß sie und ein Nistplatz noch zu haben sind. Schließlich dienen Gesänge auch dazu, die Partner in Balz- und Brutstimmung zu bringen. Damit synchronisieren sich Männchen und Weibchen für die zukünftige Zusammenarbeit.

Zuguterletzt verraten uns die Vögel mit Lauten Besonderheiten aus ihrem Leben. Das warnende Gezeter eines Eichelhähers weist auf einen Eindringling hin. Aus der Baumhöhle kommen Bettelrufe junger Mittelspechte. Tief im Forst freit ein Waldkauz mit dunklem »huu-hu-huuuu« um eine Partnerin. Das durchdringende »tjiee-tjiee« am Bach läßt uns dem vorbeisau-

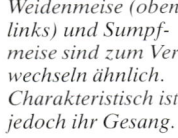

kHz
8
Weidenmeise: zjü
6
4
2

Sumpfmeise: zi   zrrda
8
6
4
2

0,1   1   2   3 s

Vogelstimmen für jedermann – in 10 Schritten vom Anfänger bis zum Profi

1. Fachkundige Hilfe annehmen
Machen Sie die ersten Hörversuche unter fachkundiger Anleitung, etwa bei einer Vogelstimmen-Exkursion eines Vogelschutzverbandes.

2. Begrenzt beginnen
Lassen Sie sich nicht von der Vielfalt des Vogelkonzertes verwirren. Anfangs eine Stelle, Jahreszeit und Uhrzeit mit nur wenigen Sängern suchen. Günstig ist etwa der Garten im Frühjahr nach 8.00 Uhr. Konzentrieren Sie sich auf eine oder wenige Vogelarten.

3. Wissen überprüfen
Mit Kassetten, Platten oder Compactdiscs die gehörten Gesänge und Rufe zwischendurch immer wieder abhören. So können Sie sich auch auf neue Arten vorbereiten.

4. Sänger identifizieren
Häufig können Sie den Gesangeskünstler auch aufspüren. Schauen Sie ihm so lange wie möglich zu und prägen sich das Bild ein. Wo sitzt er? Wie sitzt er? Wie singt er? Der kombinierte akustische und optische Eindruck haftet besser im Gedächtnis. Dies gilt im besonderen für unbekannte Arten.

5. Einfache Gesänge und Laute nachahmen
Versuchen Sie, einfachere Gesänge und Laute auch sprachlich zu umschreiben. »zi-zi-be-zi-zi-be« steht dann vielleicht für den Kohlmeisengesang. Wenn ein Fitis singt, ließe sich das etwa so beschreiben: »Tititi-dje-djüe-düi-dju«. Mit der Zeit wird dies zu einer wertvollen, individuellen Gedächtnisstütze.

6. Komplizierte Gesänge und Laute analysieren und beschreiben
Stellen Sie fest, ob eine lange Tonfolge aus einzelnen Strophen besteht oder unaufhörlich dahinplätschert. Werden bestimmte Elemente wiederholt oder sind es immer neue Abschnitte? Ist der Gesamteindruck eintönig oder eher vielfältig. Wie lange dauert ein Lied? Wie ließe sich der Klang beschreiben, als zwitschend, krächzend, trillernd, gequetscht, flötend?

7. Vergleiche anstellen
Neue Arten dem Altbekannten gegenüberstellen. Gibt es Ähnlichkeiten zu einer bereits vertrauten Stimme? Wo liegen die Unterschiede?

8. Übersicht behalten
Mit zunehmender Erfahrung die Schwierigkeitsstufe steigern. Früher morgens und später abends hinausgehen. Lebensräume mit größerer Artenfülle (Wald, Hecken) hinzunehmen.

9. Gedächtnis auffrischen
Weil Sie sicher nicht zu jenem Menschentyp mit der bewunderswerten Gabe gehören, der sich einmal gehörte Vogelgesänge oder Rufe für immer und ewig einprägen kann, müssen Sie die Lücken, die während des Winters entstanden sind, jedes Frühjahr wieder auffüllen.

10. Den Spaß nicht vergessen
Es ist wundervoll, wenn man beim Morgenkonzert im Wald die einzelnen Sänger auseinanderhalten kann. Das unterscheidet jeden Experten vom Laien. Doch nicht weniger wunderbar ist es, wenn man Vogelstimmen einfach um ihrer Melodie willen genießt – vielleicht sogar, ohne jede einzelne zu kennen. Das unterscheidet (manchen) Laien vom Experten.

TIP:

Eselsbrücken helfen auch beim Lernen von Vogelstimmen. Denken Sie sich zum Lied einen Text aus, der sich leichter merken läßt. Zur Goldammer beispielsweise paßt: »Wie, wie, wie hab ich dich lieb.« Auf den Gartenrotschwanz: »Früh steh ich auf.«

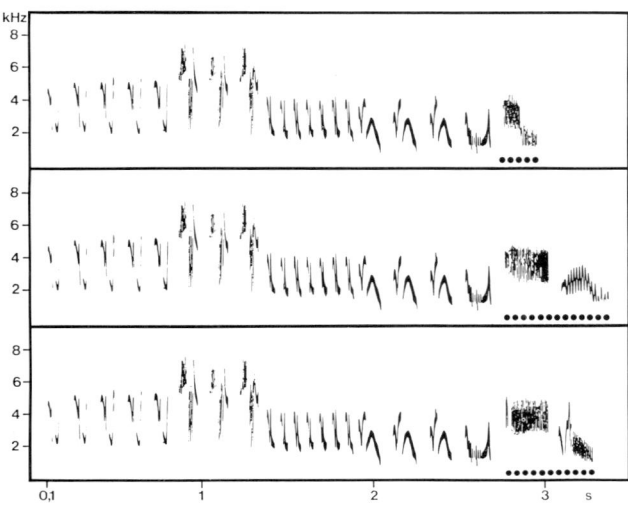

Die Gesangsdauer und die abfallende Tonhöhe sind angeborene Komponenten am Buchfinkenlied. Individuell erlernt aber ist der (unterpunktete) Endschnörkel. Die Grafik zeigt drei »Dialekte« aus Süddeutschland.

Wer einmal im Mai mittags im dichten Laubwald unterwegs war, weiß, wie schwer es hier fällt, mit Hilfe des bloßen Auges, ja selbst mit einem Fernglas das Spektrum der Bewohner festzustellen. Die gleiche Strecke, aber als Vogelstimmen-Exkursion bei Tagesanbruch geführt, liest sich wie ein Bilderbuch: Mönchsgrasmücke, Fitis, Gelbspötter, Buchfink, Zeisig, Nachtigall, Kleiber und Waldbaumläufer lassen sich links und rechts des Weges einzeichnen. So kann man für einzelne Arten sogar Reviergrößen bestimmen oder die Besiedlungsdichte mit Singvögeln insgesamt erfassen.

senden Eisvogel nachschauen, während am Himmel hoch über uns Kraniche auf dem Durchzug melodisch trompeten. Und über die Wiesen tönen die grelle Schreie eines Bussardpärchens im Liebesspiel. Kurzum: Vieles im Leben der Vögel erschließt sich durch Zuhören. Wer diese stille Kunst beherrscht, wird zum Mitwisser mancher Geheimnisse.

Identifizierung durch den Gesang

Gesänge und Rufe sind für Vogelforscher eines der wichtigsten Werkzeuge, um Arten nachweisen oder identifizieren zu können. Es ist die vielleicht schwierigste, garantiert aber aussagekräftigste Methode, sich den Gefiederten zu nähern. Und dabei gehts es zunächst gar nicht darum, äußerlich ähnliche Zwillingsarten wie Weidenmeise und Sumpfmeise oder Garten- und Waldbaumläufer durch ihre Stimme auseinanderzuhalten. Nein, Vogelstimmen erschließen uns überhaupt erst die Vielfalt der Arten eines Lebensraumes, die wir sonst womöglich nicht wahrnehmen würden.

Angeboren oder erlernt?

Generationen von Wissenschaftlern haben sich mit der Frage beschäftigt, ob der Vogelgesang angeboren oder erlernt ist. Die richtige Antwort liegt – wie so oft – in der Mitte: Singvögel nutzen beim Gesang angeborene Anteile, sie lernen aber auch hinzu. Dies gilt für alle Arten. Unterschiedlich ist allein das Maß, wie groß die angeborene und wie groß die erworbene Komponente ausfällt.

Bestimmte Singvögel »kennen« ihr Lied in großen Stücken bereits von Geburt an, sie lernen nur wenig oder gar nichts hinzu. Hierzu gehören etwa der Fitis, Kuckuck oder die Dorngrasmücke. Bei anderen ist der erlernte Anteil am Lied ungleich größer, sie erwerben »ihren« Gesang erst im Laufe ihres Lebens. Hierzu zählen etwa Gimpel, Gelbspötter oder Sumpfrohrsänger. Die meisten Singvögel pendeln irgendwo in der Mitte zwischen diesen beiden Extremen.

Als besonders faszinierendes und gut erforschtes Beispiel gilt der Buchfink. Hier weiß man inzwischen, daß die Gesangsfarbe, die Dauer des Liedes und die abfallende Tonhöhe zum angeborenen Anteil gehören, den jeder

Tonaufnahmen für Tierfreunde

Sie brauchen keine High-tech-Ausrüstung, um akzeptable Tonaufnahmen für zuhause zu machen. Es geht auch ohne Rundfunk-Richtmikrofon und Parabolschirm. Ein durchschnittlicher Kassettenrekorder mit eingebautem Mikrofon bringt schon erstaunlich gute Qualität aufs Band. Noch besser gelingt die Aufnahme mit externem Mikrofon. So lassen sich in aller Ruhe Vogelstimmen einfangen und daheim auswerten. Wer will, kann sogar ein eigenes Archiv mit Rufen und Gesängen zusammenstellen.

Funktionstest

Vor der ersten »Aufnahme« empfiehlt sich ein Check. Alles ausprobieren, mit den Möglichkeiten spielen, damit im Ernstfall auch alles klappt.

Wetter

Ideal sind Windstille und Trockenheit. Sonst entstehen schnell störende Nebengeräusche.

Aufnahmedistanz

Hängt von der Qualität und Ausrüstung des Gerätes ab. Leistungsstarke Technik läßt heute schon aus großer Distanz gute Resultate erwarten. Maximalentfernung durch Ausprobieren herausfinden.

Aussteuern

Wer spezielle Geräusche wie einzelne Vogelstimmen aufnehmen will, muß manuell aussteuern. Die Automatik verschlechtert nur das Klangbild.

Geräuschkulisse

Ein Vogelkonzert als ganzes läßt sich leicht aufnehmen. Mikrofon in die gewünschte Richtung halten. Fertig.

Einzelaufnahmen

Etwas schwieriger. Es gilt, den Sänger mit möglichst wenig Hintergrundgeräusch auf das Band zu bekommen. Zunächst einen Vogel suchen, der alleine singt. Heranpirschen und Mikrofon zielgenau ausrichten.

TIP:

Mit vom Tonband abgespielten Vogelstimmen kann man erstaunliche Reaktionen auslösen, man kann so z. B. Vögel anlocken oder zu heftiger Abwehr provozieren. Doch bitte nur einmal ausprobieren, nur kurz und nie bei seltenen Arten. Alles andere würde die Tiere beeinträchtigen.

männliche Buchfink mit auf die Welt bringt. Doch der Rest ist variabel. Beispielsweise kann ein zusätzliches Lautelement in die Strophe eingebaut werden und die Vertonung am Liedende ist immer individuell. Und zwar so, daß ein Leipziger Buchfink anders klingt als ein Husumer Artgenosse, der sich wiederum deutlich von den Sängern in Rom unterscheidet. Fachleute sprechen bei den für eine bestimmte Gegend typischen Gesängen – ähnlich wie beim Menschen – von »Dialekten«. Interessanterweise erlernt der junge Buchfink diese individuelle Note nicht vom singenden väterlichen Vorbild, wie es bei den meisten Singvögeln der Fall ist. Stattdessen imitiert er Reviernachbarn, die er im nächsten Frühjahr singen hört.

Die Kunst der Imitation ist bei lernfreudigen Arten stark ausgebildet. Stare oder Eichelhäher flechten in ihren Gesang nicht nur andere Vogelstimmen, sondern auch Naturgeräusche wie das Knacken und Knarzen von Ästen mit ein. Als Meister aller Lernkünstler aber gilt der Sumpfrohrsänger. Neben dem arteigenen Gesang imitieren die unscheinbaren Dickichtbewohner die Lieder vieler anderer Vögel bis zur Perfektion. Bei einem einzigen Sumpfrohrsänger haben Experten 84 Gesänge fremder Arten herausgehört! Insgesamt können Sumpfrohrsänger nachgewiesenermaßen 212 Vogelarten nachmachen. Darunter befinden sich sogar Bestandteile von 113 Arten aus dem afrikanischen Winterquartier.

Zwei Monate lang schleppen Steinadler große und kleine Äste, Nadeln, Rinde und Laub zu einem gewaltigen Horst zusammen. Ein Paar besitzt oft mehrere solcher uralten Nester, die unzugänglich in Felswänden liegen.

Nester
Verschieden in ihrer Art

Vogelnester sind so verschieden wie ihre Erbauer. Sie wiegen nur wenige Gramm wie beim Wintergoldhähnchen oder sie bringen – etwa beim Weißstorch – das Gewicht eines Mittelklassewagens auf die Waage. Man findet meterlange Röhren mit einem Hohlraum am Ende (Eisvogel), in Bäume gemeißelte Höhlen (Schwarzspecht), perfekt getarnte Gebilde in unmittelbarer Bodennähe (Heckenbraunelle) oder kunstvoll verflochtene Kugelbauten (Zaunkönig). Fast alle Gehölzbrüter konstruieren irgendein Nest, wobei Ausnahmen die Regel bestätigen: Bestimmte Eulen (etwa Schleiereule, Steinkauz, Waldohreule) und manche Taggreife (Turmfalke) bauen keine eigene Niststatt, sondern beziehen bereits vorhandene Nischen oder Plätze. Auch typische Klippenbrüter wie Tordalk und Trottellumme und Höhlenbrüter wie Kleiber, Wiedehopf und Kohlmeise fallen in diese Kategorie.

Rechts: Grauschnäpper nutzen Gebäude-Nischen.

Während das Nest bei Busch- und Baumbrütern gegen Wind und Regen gut abgesichert und deshalb stabil sein muß, zeigen sich die Nestbaufertigkeiten bei vielen Bodenbrütern scheinbar unterentwickelt. Ein »Nest« ist bei Regenpfeifern, Möwen und Ziegenmelkern oft nicht zu erkennen. Sie legen ihre Eier entweder direkt auf den Boden oder in eine Kuhle. Doch auch diese vergleichsweise einfache Bauweise macht biologisch Sinn, denn auffällige Nestkonstruktionen würden in solchen Fällen nur Feinde anlocken.

Jedes Vogelnest dient dazu, die Eier zu verstecken und die Jungen zu schützen. Feinde sollen abgehalten, Eltern wie Brut vor Wind und Wetter optimal geschützt werden. Bis auf Spezialfälle basiert das Nest auf der immer gleichen Konstruktion: Unten und außen hin kommt groberes Material wie Äste, Wurzeln, Halme und anderes Pflanzenmaterial, das je nach Lage und Aufgabe mehr oder weniger fest verflochten wird. Nach innen folgen dann kleinteiligere Materialien wie Federn,

Haare oder Pflanzenfasern. Sie sollen wärmen, wind- und wasserdicht machen.

Der Nestbau stellt gerade bei Busch- und Baumbrütern mit ihren aufwendigen Konstruktionen eine anspruchsvolle Tätigkeit dar. Er nimmt wenigstens einige Tage in Anspruch. Finkenvögel bauen rund eine Woche am Nest, die Amsel bis dreimal so lang. Ein Buntspecht-Pärchen kann über einen Monat an der Bruthöhle zimmern. Und selbst ihr potentieller Nachmieter, der Kleiber, ist noch bis 14 Tage mit dem Höhlenausbau beschäftigt. Das Weibchen mauert den Raum über der Einflugöffnung aus oder verlängert den Zugang. Diese Anbauten aus Lehm können 750 Gramm wiegen. Der Neubau eines Lehmnestes bei der Mehlschwalbe beansprucht 8–18 Tage. Die längste Bauzeit weist jedoch der Steinadler auf: Bis zu zwei Monate arbeiten die Alttiere am Horst. Eine solche Aufwandsberechnung stimmt freilich nur, wenn man die einzelne Brutsaison betrachtet. Summiert man die gesamte Arbeitszeit, so hält der Weißstorch den Rekord. An einem Nest wird generationenlang weitergebaut, solange der Nistplatz unter dem tonnenschweren Gebilde nicht zusammenbricht.

Wie kunstfertig und stabil ein Vogelnest ausfällt, hängt allerdings immer von der beabsichtigten Nutzungsdauer ab. Arten, bei denen die Jungen schon nach kurzer Zeit das Nest verlassen (Nestflüchter), bauen in aller Regel nicht so aufwendig wie diejenigen Vögel, deren Junge Wochen oder gar Monate im Nest verbringen müssen (Nesthocker). Deshalb ist es sinnvoll, wenn ein Brachvogel oder der Kiebitz eine vergleichsweise simple Konstruktion anfertigen, die kaum länger als die Brutdauer von dreieinhalb Wochen halten muß. Ihre Jungen verlassen

Faszinierende Schichtung von Natur- und Kunststoffen im Kohlmeisen-Nistkasten.

Uferschwalben graben armtiefe Röhren in Steilwände, die sich am Ende zu einem Kessel erweitern. Die Höhle wird nur mit wenig Nistmaterial ausgepolstert.

Nesthockerzeiten beobachten: Die meisten Singvögel brüten nur knapp 14 Tage, und ihre Jungen hocken selten länger als drei Wochen im Nest. Ursache für die relativ kurzen Brut- und Aufzuchtzeiten ist das Nest selbst: Es bietet gegen hochspezialisierte Räuber wie Eichhörnchen, Eichelhäher, Baummarder, Elster und Rabenkrähe nur begrenzten Schutz. Je länger die Nestzeit währt, um so größer wird die Gefahr, doch noch entdeckt zu werden.

Brutpflege bei Vögeln

Vögel haben sich bei der Auswahl des Nistplatzes spezialisiert. Die meisten Arten nutzen nur einen begrenzten Ausschnitt des bestehenden Angebotes. Sie brüten entweder am oder nahe beim Boden, versteckt in der Vegetation oder vollkommen ungeschützt. Andere Arten belegen als Nistplatz niedrige Büsche, wieder andere ziehen höhere Bäume vor. Daneben gibt es typische Höhlen- und Halbhöhlenbrüter, die man auch mit künstlichen Nisthilfen unterstützen kann. Nicht zu vergessen einige Felsbrüter der Bergregionen. Sie fanden an den Gebäuden in Städten und Dörfern gute Ersatzbrutplätze. Gelegezahl, Brutdauer und Nestlingszeit hängen von verschiedenen Faktoren ab, z. B. der Körpergröße, dem Lebensalter und dem Feinddruck. Grundsätzlich legen größere und älter werdende Vogel weniger Eier. Auch Brutzeit und Nestlingszeit währen bei ihnen länger. Unter starker Verfolgung oder insgesamt unter höherer Sterblichkeit leidende Vogelarten besitzen umfangreichere Gelege. Bei Bodenbrütern, die durch Räuber stark gefährdet sind, bleiben die Jungen meist nur kurzfristig im Nest. Ein wichtiger Brutpflegefaktor ist ferner noch die Ernährungslage, denn unter guten Futterverhältnissen steigt bei manchen Arten die Gelegegröße an.

meist noch am ersten Lebenstag das elterliche Nest. Anders etwa ein Pärchen Ringeltauben oder gar Mäusebussarde. Ihr Nachwuchs sitzt vier bis sieben Wochen im Horst, der folglich mindestens so lange aushalten muß.

In der Vogelwelt läßt sich generell eine Tendenz zu kürzeren Brutphasen und

Halbfertiges Hängenest der Schwanzmeise. Der Kugelbau wird außen mit Flechten und Moos getarnt und innen mit 2000 Federchen gepolstert – zwei Wochen Feinarbeit.

Brutpflege bei Vögeln

Vogelart	Nistplatz							Gelege-größe	Brut-dauer in Tagen	Nestlings-zeit in Tagen
	Boden-horizont	Strauch	Baum	Ge-bäude	Höhle	Halb-höhle	Nist-kasten			
Amsel		•	•	•		•		4–6	13–15	13–14
Bachstelze	•		•			•	•	5–6	12–14	14–16
Blaumeise			•		•		•	9–13	13–15	17–20
Bläßhuhn	•							5–10	21–25	3–5
Brachvogel	•							4	26–30	1
Buchfink			•					4–6	12–14	12–15
Buntspecht			•		•			4–7	12–14	18–21
Distelfink			•					4–6	12–14	14–16
Dompfaff			•					4–5	12–14	12–16
Eichelhäher		•	•					5–6	16–17	19–20
Elster		•	•					5–7	17–18	22–26
Feldsperling				•	•	•	•	4–6	11–14	13–15
Gartengrasmücke	•							3–5	11–16	9–14
Gartenrotschwanz			•			•	•	5–7	13–15	12–15
Gelbspötter		•						3–6	13–14	13–16
Girlitz		•	•	•				3–5	12–14	14–16
Goldammer	•	•						3–5	12–14	12–14
Grünfink		•						5–6	13–14	13–16
Grauschnäpper			•			•		4–5	12–14	12–14
Hänfling		•						4–6	12–14	13–15
Haubentaucher	•							3–4	27–29	1
Hausrotschwanz				•		•	•	5–6	12–14	12–17
Haussperling				•	•	•	•	4–6	13–14	16–18
Heckenbraunelle	•	•						4–5	12–14	12–14
Kiebitz	•							4	24–29	1
Klappergrasmücke	•	•						3–5	11–15	10–12
Kleiber			•		•	•	•	5–8	14–18	23–26
Kohlmeise			•		•		•	8–10	13–15	16–23
Mäusebussard			•					2–4	33–36	40–51
Mehlschwalbe				•		•		4–5	14–15	20–29
Mönchsgrasmücke	•	•						4–6	12–14	10–14
Nachtigall	•	•						4–6	12–14	9–12
Rauchschwalbe				•		•		4–5	14–16	20–24
Ringeltaube		•	•					2	16–17	28–34
Rotkehlchen	•			•	•	•		5–6	13–15	12–16
Schleiereule						•	•	1–12	30–34	38–45
Silbermöwe	•							2–3	28–29	38–42
Singdrossel			•					4–6	12–14	12–16
Star			•		•		•	4–6	13–15	20–22
Stockente	•							6–12	26–28	1–2
Teichhuhn	•							5–11	19–22	3–5
Türkentaube		•	•	•				2	13–15	16–22
Turmfalke			•	•		•	•	4–6	21–32	28–36
Waldkauz			•		•	•	•	2–5	28–30	29–35
Zaunkönig	•	•		•				5–8	14–16	14–18
Zeisig			•					4–6	12–14	13–15
Zilpzalp	•	•						5–6	13–14	12–15

TIP:

Das Nest verrät oftmals seinen Besitzer. Achten sie bei einem unbekannten Nest auf die Lage (Boden, Krautschicht, Busch, Baum, Gebäude). Auch die Konstruktion selbst (Napf, Kugel, Hängenest), die Größe und das bevorzugte Nistmaterial spielen eine Rolle.

Gelege

Kein Ei gleicht dem anderen

Oftmals reicht ein Blick auf das Gelege, um festzustellen, welche Vogelart man vor sich hat. Die Eiform, die Farbe und die Größe spielen eine entscheidende Rolle bei der Bestimmung. Die meisten Eier sind eiförmig-oval, also am einen Ende rundlich, am gegenüberliegenden Ende spitzer. Ein typisches Beispiel demonstrieren etwa Kohlmeise, Singdrossel, Kleiber und Nachtigall. In dieses klassische Muster fallen praktisch alle Singvögel, wobei natürlich Abweichungen im Verhältnis von Länge und Dicke möglich sind. So erscheint etwa das Ei einer Rohrammer rundlich und kompakt, während das Ei der nahverwandten Grauammer länglicher ausgeprägt ist. Insgesamt langgestrecktere Eier besitzen auch Buchfinken, Drosselrohrsänger oder Mauersegler.

Besonders spitz sind die Eier von Tauchern, beispielsweise die des Haubentauchers. Ungewöhnlich spitz fallen auch die Eier von Dompfaff, Trottellumme und Tordalk aus. Auch die Eier von Möwen, Regenpfeifern, Brachvogel und Bekassine weisen meist eine deutliche Zuspitzung auf. Für Boden- und Felswandbrüter bringt diese Eiform Vorteile, rollen am einen Ende angespitzte Eier doch nicht so weit vom Nest weg wie auf beiden Seiten gleichrunde Formen. Bei Höhlenbrütern, wo die Eier nicht in Gefahr sind, aus dem Nest zu rollen, spielt dieses physikalische Phänomen daher keine Rolle. Solche Eier sind deshalb oft beiderseits gleichrund, etwa bei Eisvogel, Waldkauz oder Schleiereule. Eine Ausnahme von dieser Regel sind allerdings die Eier der Nicht-Höhlenbrüter Turteltaube oder Höckerschwan, bei denen das eine vom anderen Ende oft nur schwer zu unterscheiden ist.

Weiß ist eine Grundfarbe der Vogeleier. In typischer Ausprägung finden wir reinweiße Eier bei höhlenbrütenden Vogelarten, etwa Spechten und Eulen. Hier hat die Weißfärbung eine wichtige Funktion: Helle Eier lassen sich im Dunkeln besser erkennen. Bei solchen Arten spielt die Tarnung auch eine untergeordnete Rolle, die bei freibrütenden Arten dagegen lebenswichtig ist. Aus Schutzgründen sind deshalb speziell die Eier in offenen Nestern gefärbt. Sie haben einen gelblichen, türkisen oder braunen Grundton. So

TIP:

Eier und Nester von Meisenarten lassen sich oft nur schwer voneinander unterscheiden. Dies gilt für Blau-, Sumpf-, Tannen- und Haubenmeise, zum Teil auch für die Kohlmeise. Speziell auf den spezifischen Lebensraum der Arten achten und möglichst die Alttiere am Nest beobachten.

Oben das Ei des Tordalks, unten die Gelege von Brandgans, Mäusebussard und Nebelkrähe (von links nach rechts).

fallen die braunen Nachtigalleneier im Schatten von Blättern und Zweigen kaum auf, ebenso korrespondiert der gelbliche, grünbraune oder rötliche Untergrund von Schafstelzeneiern perfekt mit den abgestorbenen Halmen im Nestinnern.

Zur Grundfarbe kommt oft noch eine Sprenkelung hinzu. Optimal ahmen die gemusterten Eier von Grasmücken, Finken, Drosseln, Rabenkrähen und Turmfalken das Nistmaterial und das Laub der Umgebung nach. Besonders wichtig ist die Übereinstimmung der Eifarbe mit dem Untergrund bei Bodenbrütern: Ziegenmelker, Kiebitze, Rotschenkel, Brachvögel, Lerchen, Möwen und Regenpfeifer verlassen sich voll auf die perfekte Tarntracht ihrer Gelege. Oft sind die Eier innerhalb eines Gelege unterschiedlich ausgefärbt, was den Tarneffekt zusätzlich verbessert.

Die Größe der Eier hängt von der Körpergröße und der Gelegezahl ab.

Grundsätzlich gilt: Kleine Vögel legen kleine und große Vögel große Eier. Welche Größenunterschiede hier zustandekommen, verdeutlicht das Beispiel von Höckerschwan und Wintergoldhähnchen. Der Schwanenvogel legt mit 350 Gramm das schwerste Ei unserer Breiten – das entspricht dem Gewicht von sieben Hühnereiern. Da bis zu sieben Stück in ein Schwanennest gelegt werden, addiert sich die Eimasse zu einem Gesamtgewicht von knapp 2,5 kg, ein Fünftel des Körpergewichts eines ausgewachsenen Weibchens. Das Ei eines Wintergoldhähnchens wiegt hingegen nur 0,7 g. Folglich wären 500 Stück notwendig, um ein Schwanenei aufzuwiegen. Da aber das Weibchen unseres kleinsten Singvogels selber nur 5 g leicht ist und bis zu 11 Eier legt, wiegen seine Eier anderthalbmal soviel wie es selbst – eine rekordverdächtige Leistung.

Die Mehrzahl der Kleinvögel legt alle 24 Stunden ein Ei, größere Arten wie

Kein Ei gleicht dem anderen: Kohlmeise, Grauammer, Nachtigall, Rohrammer, Mauersegler und Buchfink (von oben nach unten und links nach rechts).

Kaum zu glauben: 500 Eier des Wintergoldhähnchens wiegen so viel wie ein Höckerschwanei!

Reiher, Tauben, Eulen alle 48 Stunden. Auch die Mauersegler legen nur jeden zweiten Tag ein Ei. Wird das Nest ausgenommen, kommt es in der Regel zu einem Nachgelege. Möwen und Tauben produzieren dabei immer gleichgroße Gelege. Die meisten Arten variieren jedoch die Eizahl in Abhängigkeit von den Umweltbedingungen. Bei ihnen fallen die Nachgelege deshalb automatisch kleiner aus. Auch die Ernährungslage spielt eine zentrale Rolle, sie bestimmt die Gelegegröße der meisten Garten- und Parkvögel: bei Futterüberschuß werden mehr, bei Mangel weniger Eier entwickelt. Unter schlechten Ernährungsbedingungen legen Waldkäuze, Turmfalken oder Schleiereulen gar keine Eier. In Mäusejahren hingegen produzieren Schleiereulen bis zu 12 Eier in einem Gelege und brüten unter Umständen noch ein zweites und drittes Mal. Auch bei vielen Singvögeln kommt es in einem optimalen Lebensraum vielfach zu Nachbruten.

Warum Vögel Eier legen

Eierlegen ist eine ungeheurer Kraftakt. Speziell energieraubend ist die Produktion der harten Schale. Zur ihrer Ausbildung benötigt das Vogelweibchen eine große Menge Kalk, der im Extremfall direkt aus den Knochen entnommen wird. Bis zu 10% der Knochenmasse können so in weniger als einem Tag in Eischale umgewandelt werden. Eine solche hartschalige Umhüllung stellt im Tierreich einen Sonderfall dar. Weder Fische noch Amphibien sind diesen Weg gegangen, und selbst bei den Reptilien besitzen nur die Eier von Schildkröten und Krokodilen eine etwas härtere Schale.

Doch nicht nur der beträchtliche Energieaufwand zur Eiproduktion macht das Eierlegen nachteilig. Belastend, weil sehr gefährlich, sind außerdem die langen Brut- und Aufzuchtzeiten. Hierbei treten die größten Verluste auf. Warum aber legen Vögel trotzdem Eier und gebären nicht wie die Säugetiere lebendige Junge? Hierfür gibt es zwei Erklärungen. Beide hängen mit der Flugfähigkeit zusammen, dem typischen Merkmal der Vögel. Würden Vögel ihre Junge lebendig gebären, ginge das auf Kosten der Jungenzahl. Speziell bei kleineren Vögeln würde die Trächtigkeit das Fluggewicht derart erhöhen, daß gerade noch ein Junges zur Welt kommen könnte. Durch die Eiablage hingegen wurde die »Mehrlingsgeburt« möglich.

Der zweite Grund liegt in der hohen Körpertemperatur der Vögel von 40 bis 41°C. Experimente haben gezeigt, daß dies für einen sich entwickelnden Embryo viel zu warm ist. Die optimale Bruttemperatur schwankt zwischen 34 und 38°C. Folglich müssen die Embryos außerhalb des Leibes des Weibchens ausgebrütet werden.

Bliebe nur noch zu klären, warum Vögel eine Körpertemperatur brauchen, die um einige Grad über der von Säugern liegt. Die Antwort liegt in der höheren Leistungsfähigkeit der Flugmuskulatur begründet: Fliegen erfordert einen größeren Stoffwechselumsatz als Laufen, Schwimmen oder Springen (Säugetiere). Fazit: Wer fliegen will, muß Eier legen.

Bei Bekassinen ist jedes Ei ein Unikat. Es besitzt eine individuelle Sprenkelung, was den Tarneffekt für die Bodenbrüter zusätzlich erhöht.

Die Eier vieler Baumbrüter mit offenen Nestern sind farblich meist gut auf die Umgebung abgestimmt (ganz links Turmfalke), während Gelege von Höhlenbrütern wie dem Waldkauz oft reinweiß sind.

Junge

Entwicklung im Rekordtempo

Vogeljungen bleibt nicht viel Zeit zum Aufwachsen. Jeder Tag bedeutet ein Risiko, denn Nistplätze können allzuleicht gefunden und Nestlinge gefressen werden. Das Beispiel des Rotkehlchens, eines Nesthockers, verdeutlicht die Entwicklungsgeschwindigkeit. Sein Nachwuchs schlüpft nahezu nackt aus dem Ei. Die Jungen besitzen hagere Flügelstummel, kraftlose Beinchen und können kaum den unförmigen Kopf heben. Außerdem sind sie blind. Einzig ihr Verdauungstrakt funktioniert perfekt, und auf Erschütterungen am Nestrand reagieren sie mit Schnabelaufsperren. Doch schon knappe zwei Wochen später haben sich die Neugeborenen in kleine Vögel verwandelt, die mit ihren ersten Flugversuchen das gefährliche Nest verlassen. Dazwischen liegen etliche Tausend Futtertransporte der Eltern. Vom Morgengrauen bis in die Dämmerung sind Männchen und Weibchen ständig unterwegs, um die nimmersatten Mäuler zu stopfen. Die leuchtend orangegelbe Schnabelinnenseite löst das Füttern aus. Es bekommen immer die Jungtiere Nahrung, die dem Fütterndem am nächsten sind und am heftigsten betteln. Auch für Hygiene wird gesorgt. Nach der Fütterung strecken einzelne Junge ihren Hinterleib hervor und drücken einen säuberlich in ein Häutchen eingepackten Kotballen heraus. Er wird mit dem Schnabel abgenommen und weggetragen. Während der Nachwuchs in der Nestphase sein Geburtsgewicht mehr als verzehnfacht hat, nehmen die erwachsenen Rotkehlchen meist ab, kein Wunder, denn sie leisten wirklich Schwerstarbeit.

Den Typus des Nestflüchters verkörpert die Wachtel. Auch hier läuft die Entwicklung rasant ab. Die Jungen des Bodenbrüters verlassen noch im Laufe des ersten Tages den gefährlichen Brutplatz. Kräftige Laufbeine lassen schon längere Fußmärsche zu. Ein zarter Flaum, der zwei Stunden nach dem Schlupf getrocknet ist, schützt leidlich vor Kälte. Die Augen öffnen sich so-

Linke Seite: In knapp zwei Wochen entwickeln sich Rotkehlchen. Fütterszene (links), Kotabgabe eines Jungtieres (rechts oben) und Kotaufnahme durch Männchen (rechts unten). Das Foto auf der gegenüberliegenden Seite zeigt ein Wachtelküken als Nestflüchter.

fort nach der Geburt. Auch das Verhalten ist weit ausgebildet. So pickt die Kükenschar bereits selbstständig nach Futter und versteckt sich auf den Warnruf der Henne hin im Gras. Mit elf Tagen sind die Handschwingen der Flügel soweit ausgewachsen, daß die Jungen Kurzstrecken schwirren können, aber erst mit 19 Tagen können sie perfekt fliegen. Dann müssen sie oft schon für sich alleine sorgen.

Befinden sich die Jungen kurz vor dem Ausfliegen, sollte man bei Nesthockern vorsichtshalber auf Nestinspektionen verzichten. Ansonsten besteht nämlich die Gefahr, daß die Jungvögel in Panik aus dem Nest springen, ohne ausreichend fliegen und klettern zu können. Mit dem Flüggewerden, teilweise aber schon vorher, verlassen dann auch typische Nesthocker das Nest. Sie lassen sich unschwer am Stummelschwanz und den kurzen Flügeln erkennen. Außerdem fehlt ihnen oft die charakteristische Gefiederfärbung der Eltern. Solche Jungvögel sollte man unbedingt in Ruhe lassen, denn sie werden in aller Regel laufend mit Futter versorgt. Ihre durchdringenden Rufe locken die Altvögel herbei. Nur falls das Jungtier in einer wirklich gefährlichen Situation steckt, etwa mitten auf einer Straße sitzt oder von einer Katze erbeutet werden könnte, darf man eingreifen und es an einen sicheren Ort in der Nähe bringen. Am besten setzt man es in oder unter einen Busch und entfernt sich möglichst rasch, damit es die Eltern weiter versorgen können. Besonders häufig trifft man auf solche nur augenscheinlich verwaisten Jungvögel bei Eulen, Zaunkönig, Sperlingen, Drosseln, Rotschwänzen oder auch Rotkehlchen.

Nesthocker und Nestflüchter

Die meisten Vögel lassen sich eindeutig entweder den Nesthockern oder den Nestflüchtern zuordnen. Nesthok-

ker kommen unfertig zur Welt und werden meist im Nest flügge. Nestflüchter jedoch sind bei der Geburt bereits weit entwickelt und verlassen das Nest schon nach wenigen Stunden oder Tagen.

Nesthocker		Nestflüchter
Adler	Grasmücken	Hühner
Geier	Goldhähnchen	Trappen
Bussarde	Kehlchen	Enten
Weihen	Schmätzer	Gänse
Milane	Rotschwänze	Schwäne
Habichte	Drosseln	Säger
Falken	Meisen	Rallen
Kraniche	Kleiber	Austernfischer
Störche	Baumläufer	Seeschwalben
Reiher	Zaunkönige	Regenpfeifer
Tauben	Ammern	Bekassinen
Eulen	Finken	Brachvögel
Segler	Sperlinge	Schnepfen
Schwalben	Pirole	Strandläufer
Racken	Stare	Uferläufer
Spechte	Eisvögel	Wasserläufer
Lerchen	Häher	Rotschenkel
Pieper	Elstern	Raubmöwen
Stelzen	Krähen	Möwen
Würger	Raben	
Braunellen	Dohlen	
Fliegenschnäpper	Sturmvögel	
Rohrsänger	Sturmtaucher	
Schwirle	Pelikane	
Spötter	Tölpel	
	Kormorane	

Vogelspuren

Verräterische Hinterlassenschaften

Wer offenen Auges durch die Landschaft wandert, wird allerorten auf die Hinterlassenschaften von Vögeln stoßen. Es handelt sich um Trittsiegel (Fußspuren), um Fraßreste, Kotteile, Gewölle oder Speiballen. Selbst Federn finden sich zuweilen. Mit einiger Übung lassen sich die Überbleibsel bald identifizieren, manche sogar konservieren.

Am lehmigen Bachufer zeichnen sich zuweilen die Trittsiegel eines Graurei-

hers ab, in unmittelbarer Nähe verrät ein weißgrauer handtellergroßer Kotfleck den Fischervogel. Im weichen Wattboden finden sich Schnabelmarken von Brachvögeln genauso wie die Tritte von Alpenstrandläufern. Auffällige Vertiefungen im Schlickboden entstehen bei der Nahrungssuche von Brandenten. Die Flügelmale eines Greifes im frischen Schnee zusammen mit einigen hellroten Blutspritzern und der zu- und abgehenden Fährte eines Kaninchens erzählen uns eine ganze Geschichte: Hier ist der Nager mit knapper Not einem Angriff entwischt. Nicht minder interessant sind etwa die Überreste einer Amsel im Parkgelände. Die Federn wurden nach Greifvogelart ausgerissen und nicht abgebissen wie dies für räuberische Säugetiere (Iltis, Baummarder, Fuchs) typisch wäre. Vom Lebensraum her könnte dafür ein Habicht oder Sperber in Frage kommen. Genaueres läßt sich erst nach weitergehender Ge-

Buntspecht

Fichtenkreuzschnabel

Buntspecht

Eichelhäher

Singdrossel

Grünfink

Schwarzspecht

Habicht

Neuntöter

ländeuntersuchung sagen: Bei mehreren solcher Rupfungen in unmittelbarer Umgebung spricht die Wahrscheinlichkeit für den Sperber. Bleibt dieser Todesfall jedoch der einzige weit und breit, dürfte es ein Habicht gewesen sein, der seine Rupfplätze sehr stark über das große Revier verstreut hat. Auch sonstige Funde von Vogelfedern lassen in manchen Fällen Rückschlüsse auf die vorkommenden Arten zu.

Geplünderte Fruchtstände oder zerhackte Früchte sind ebenfalls meist auf die Tätigkeit von Vögeln zurückzuführen. In großen Früchten wie Äpfeln lassen sich oft sogar noch spezifische Schna-

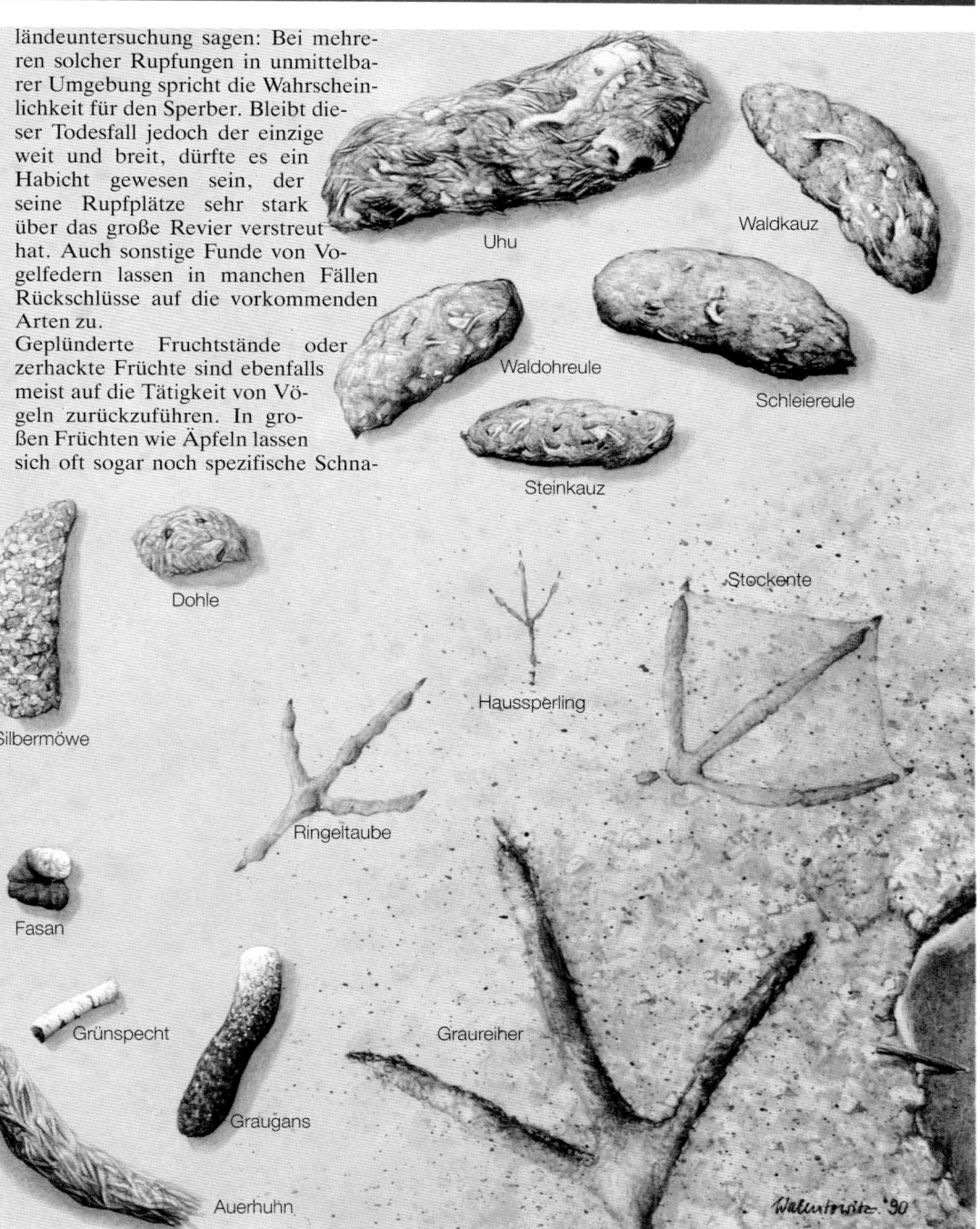

Uhu

Waldkauz

Waldohreule

Schleiereule

Steinkauz

Dohle

Silbermöwe

Haussperling

Stockente

Ringeltaube

Fasan

Grünspecht

Graureiher

Graugans

Auerhuhn

Walentowitz '90

Diese zerfleischte Hagebutte ist das Werk von Grünfinkenschnäbeln. Auf der Suche nach den Kernen zerhacken die Finkenvögel die dickwandige Fruchtschale.

belmarken entdecken, meist waren es Amseln oder Wacholderdrosseln. Kleinere Früchte wie Hagebutten werden hingegen von Finken aufgehackt oder ganz zerteilt, um an die begehrten Kerne heranzukommen. Zapfenschuppen unter Fichten können von Fichtenkreuzschnäbeln stammen. Um einen Stein verstreute, aufgeschlagene Schneckengehäuse sind in der Regel das Werk von Singdrosseln. Sie hatte hier eine »Schneckenschmiede«. Findet man unter Erlen oder Birken reichlich Samenschuppen, deutet dies auf Samenfresser hin, meist Zeisige oder Birkenzeisige. Gleichfalls aufschlußreich sind die geplünderten Samenstände von Löwenzahn oder Mädesüß, die gern vom Dompfaff abgeerntet werden. An Distelfruchtständen wiederum verköstigt sich mit Vorliebe der Stieglitz.

Hackspuren an Baumstümpfen belegen die Präsenz von Buntspechten, auch in Astgabeln, Rindenrissen oder Spalten eingeklemmte Fichtenzapfen sind Ergebnis der Spechtarbeit. Baumhöhlen im besonderen und Vogel-

nester im allgemeinen geben uns schließlich mancherlei Hinweis auf ihre einstigen Nutzer.

Armtiefe Löcher in Waldameisenhaufen hingegen sind eine Visitenkarte von Grün- oder Grauspechten. Fingerlange Holzspäne und faustgroße Einschlupflöcher an Baumstämmen wiederum verraten, daß hier Schwarzspechte tätig waren.

Auskunftsträchtig ist in Einzelfällen selbst der Kot. Die Anwesenheit sehr versteckt lebender Arten wie Auerhuhn, Haselhuhn und Birkhuhn wird man wahrscheinlich eher an ihren charakteristischen Kothäufchen erkennen, als daß man die Vögel persönlich beobachten kann. Das gleiche gilt für die Fußabdrücke oder Sandbadeplätze dieser Rauhfußhühner. Kotspritzer unter Bäumem oder an Felswänden liefern Hinweise auf häufig aufgesuchte Brut-, Rast- oder Schlafplätze. Hier darf man mit Kormoranen, Störchen, Staren, Reihern, Tauben, Krähen, Eulen oder Taggreifen rechnen. Am Kot erkennt man auch, ob ein Nistkasten im Winter als Übernachtungsquartier beispielsweise von Baumläufern oder Meisen genutzt wird.

Besonders aussagekräftig sind Gewölle und Speiballen größerer Vögel. Anhand der in Ballenform wieder ausgewürgten, unverdaulichen Nahrungsreste lassen sich detaillierte Rückschlüsse auf die gerade bevorzugte Nahrung ziehen. So spezialisieren sich bestimmte Silbermöwen zeitweise auf ein Futtertier und sammeln nur Muscheln, während andere Individuen zur gleichen Zeit ausschließlich Kleinkrabben oder Fischbrut jagen. Graureiher und Kormorane hinterlassen ähnlich charakteristische Speiballen mit Hinweisen auf den aktuellen Speisezettel.

Auch die sogenannten »Gewölle« erzählen ganze Geschichten. Man stößt auf die walzenartigen Gebilde aus Tierhaaren, Knochen, Schädeln, Chitinteilen, Federn, Krallen und Schnä-

*Einzelne Silber-
möwen spezialisieren
sich oft auf
bestimmte Beute.
Der Speiballen dieses
Vogels enthält nur
Krabbenreste.*

beln bevorzugt an den Ruheplätzen von Taggreifen und Eulen. Die eingehende Untersuchung mit der Pinzette liefert in aller Regel den Beweis, ob hier die unverdaulichen Überreste eines Greifes oder einer Eule vorliegen: Die Magensäure der Taggreife erweist sich als stark genug, um Knochen fast vollständig aufzulösen. In Greifgewöllen finden sich folglich kaum Knochenreste. Anders in Eulengewöllen. Bei den Nachtjägern wirkt die Magensäure weniger zersetzend, so daß ihr Gewölle knochenreich sein kann.

*Mitten auf der Straße
schlug ein Sperber
die Amsel und
begann sogleich mit
dem Kröpfen. Doch
er kam nicht ganz
zum Ende, sondern
wurde vorzeitig
gestört, wie der noch
halbintakte Vogel-
kadaver zeigt.*

39

Vogelbeobachtung übers Jahr

Die Vogelbeobachtung konzentriert sich nicht allein auf das Singvogelkonzert im Frühling, die Balz und das Brutgeschäft. Denn Vögel sind auch in den restlichen Monaten aktiv, wenngleich nicht immer so prominent wie im Mai. So manche Art betreut ihre Jungen noch lange nach der Brutzeit. Viele Vögel jagen – ganzjährig – Insekten oder andere Beute und ernten reichlich Samen und Früchte. Manche Arten legen sogar Futtervorräte für schlechte Zeiten an. Außerdem müssen Vögel immer vor ihren vielen Feinden auf der Hut sein. Hinzu kommt, daß bestimmte Arten bereits im Spätwinter zu brüten anfangen, Monate vor der Hauptbrutperiode. Andere verpaaren sich bereits im Vorfrühling und nicht wenige halten zu diesem Zeitpunkt längst die besten Reviere besetzt. Selbst die Nester müssen vor der eigentlichen Brutzeit hergerichtet oder gebaut werden. Auch der Gefiederwechsel, die Mauser, steht auf dem Jahresprogramm, nicht zu vergessen die mehr oder weniger lange Hin- und Rückwanderung vieler Arten in Winterquartier und Sommerlebensraum. Ferner kann sich das Sozialgefüge übers Jahr entscheidend verändern und zwischen Einsiedlertum, Paarbildung und Schwarmverhalten wechseln.

Der Seeadler ist durch seine Größe und Haltung imponierend. Ein seltenes und eindrucksvolles Erlebnis.

Jahreskalender unserer Vögel

Vogelart	Jan.	Feb.	März	April	Mai	Juni	Juli	Aug.	Sep.	Okt.	Nov.	Dez.
Amsel	●	●	●	●	●	●	●	●	●	●	●	●
Bachstelze			●	●	●	●	●	●	●	●		
Bergfink	●	●	○							○	●	●
Birkenzeisig	○	○								○	○	○
Bläßhuhn	●	●	●	●	●	●	●	●	●	●	●	●
Blaumeise	●	●	●	●	●	●	●	●	●	●	●	●
Brachvogel	○	○	●	●	●	●	●	●	●	●	○	○
Buchfink	●	●	●	●	●	●	●	●	●	●	●	●
Buntspecht	●	●	●	●	●	●	●	●	●	●	●	●
Distelfink	○	○	●	●	●	●	●	●	●	●	○	○
Dohle	●	●	●	●	●	●	●	●	●	●	●	●
Dompfaff	●	●	●	●	●	●	●	●	●	●	●	●
Eichelhäher	●	●	●	●	●	●	●	●	●	●	●	●
Elster	●	●	●	●	●	●	●	●	●	●	●	●
Feldlerche	○	●	●	●	●	●	●	●	●	●	●	○
Feldsperling	●	●	●	●	●	●	●	●	●	●	●	●
Fitis			○	●	●	●	●	●	●	○		
Gartenbaumläufer	●	●	●	●	●	●	●	●	●	●	●	●
Gartengrasmücke				○	●	●	●	●	●	○	○	
Gartenrotschwanz				○	●	●	●	●	●	○		
Gelbspötter				○	●	●	●	●	○	○		
Girlitz			○	●	●	●	●	●	●	○	○	○
Goldammer	●	●	●	●	●	●	●	●	●	●	●	●
Grauschnäpper					○	●	●	●	○			
Grünfink	●	●	●	●	●	●	●	●	●	●	●	●
Grünspecht	●	●	●	●	●	●	●	●	●	●	●	●
Feldsperling	●	●	●	●	●	●	●	●	●	●	●	●
Hänfling	○	●	●	●	●	●	●	●	●	●	●	●
Haubenmeise	●	●	●	●	●	●	●	●	●	●	●	●
Haubentaucher		○	○	○	●	●	●	●	○	○	○	
Hausrotschwanz			○	●	●	●	●	●	○	○		
Haussperling	●	●	●	●	●	●	●	●	●	●	●	●
Heckenbraunelle	○	○	●	●	●	●	●	●	●	●	○	○
Höckerschwan	●	●	●	●	●	●	●	●	●	●	●	●
Kernbeißer	●	●	●	●	●	●	●	●	●	●	●	●
Kiebitz	○	○	●	●	●	●	●	●	●	●	●	○
Klappergrasmücke				○	●	●	●	●	●	○		
Kleiber	●	●	●	●	●	●	●	●	●	●	●	●
Kleinspecht	●	●	●	●	●	●	●	●	●	●	●	●
Kohlmeise	●	●	●	●	●	●	●	●	●	●	●	●

Vogelart	Jan.	Feb.	März	April	Mai	Juni	Juli	Aug.	Sep.	Okt.	Nov.	Dez.
Kuckuck				○	●	●	●	●	○			
Mäusebussard	●	●	●	●	●	●	●	●	●	●	●	●
Mauersegler				○	●	●	●	●	○			
Mehlschwalbe			○	●	●	●	●	●	●	○		
Misteldrossel	○	○	●	●	●	●	●	●	●	●	●	○
Mönchsgrasmücke			○	●	●	●	●	●	●	○		
Nachtigall				○	●	●	●	●	●	○		
Neuntöter				○	●	●	●	●	○			
Pirol					●	●	●	●	○			
Rabenkrähe	●	●	●	●	●	●	●	●	●	●	●	●
Rauchschwalbe		○	○	●	●	●	●	●	●	○	○	
Ringeltaube	●	●	●	●	●	●	●	●	●	●	●	●
Rotkehlchen	○	●	●	●	●	●	●	●	●	●	●	○
Saatkrähe	●	●	●	○	○	○	○	○	○	●	●	●
Schleiereule	●	●	●	●	●	●	●	●	●	●	●	●
Schwanzmeise	●	●	●	●	●	●	●	●	●	●	●	●
Seidenschwanz	○	○									○	○
Silbermöwe	●	●	●	●	●	●	●	●	●	●	●	●
Singdrossel		○	●	●	●	●	●	●	●	●	○	
Sommergoldhähnchen			○	●	●	●	●	●	●	○		
Sperber	●	●	●	●	●	●	●	●	●	●	●	●
Star	○	○	●	●	●	●	●	●	●	●	●	○
Stockente	●	●	●	●	●	●	●	●	●	●	●	●
Sumpfmeise	●	●	●	●	●	●	●	●	●	●	●	●
Sumpfrohrsänger					●	●	●	●	○			
Tannenmeise	●	●	●	●	●	●	●	●	●	●	●	●
Teichhuhn	●	●	●	●	●	●	●	●	●	●	●	●
Trauerschnäpper				○	●	●	●	●	○			
Türkentaube	●	●	●	●	●	●	●	●	●	●	●	●
Turmfalke	●	●	●	●	●	●	●	●	●	●	●	●
Wacholderdrossel	●	●	●	●	●	●	●	●	●	●	●	●
Waldbaumläufer	●	●	●	●	●	●	●	●	●	●	●	●
Waldkauz	●	●	●	●	●	●	●	●	●	●	●	●
Waldlaubsänger				○	●	●	●	●	○			
Wintergoldhähnchen	●	●	●	●	●	●	●	●	●	●	●	●
Zaunkönig	●	●	●	●	●	●	●	●	●	●	●	●
Zeisig	●	●	●	●	●	●	●	●	●	●	●	●
Zilpzalp			○	●	●	●	●	●	●	○	○	

● regelmäßig anzutreffen   ○ unregelmäßig anzutreffen

Die verpönte Brennessel ist eine begehrte Futterquelle für Samenfresser wie z. B. den Birkenzeisig. Sie ragt auch bei höheren Schneelagen noch heraus.

Januar

Der Januar ist der ideale Zeitpunkt für den Start ins Vogeljahr. In keinem anderen Monat präsentiert sich die heimische Vogelwelt derart übersichtlich. Die Zugvögel weilen noch alle im Winterquartier, so daß Zeit bleibt, sich intensiv mit den hiesigen Überwinterern und den Wintergästen aus Nord- und Osteuropa zu beschäftigen. Besonders interessant sind die natürlichen oder künstlichen Futterstellen, an denen sich in dieser nahrungsarmen Jahresperiode zahlreiche Arten konzentrieren. Manche Vögel sieht man hier so nahe wie sonst selten im Jahreslauf. In freier Flur trifft man an Wegrainen, auf Ödland und Brachstellen Rebhühner und Fasane sowie große Finkenschwärme aus Birkenzeisigen und Hänflingen. Außerdem konzentrieren sich dort überwinternde Feldlerchen oder Wiesenpieper. An der Küste sind um diese Zeit die riesigen Überwinterungsgebiete von Enten, Gänsen und Schwänen interessant. Im Binnenland lohnt die Beobachtung der Wasservögel auf Seen, Flüssen und

Teichen. Bei Kälteeinbrüchen treffen aus Nordeuropa manchmal Schwärme von Seidenschwänzen oder Bergfinken ein, die Obstbäume und Wildbeeren plündern. Auch Kornweihen, der Merlin, Rauhfußbussarde und andere Greifvögel überwintern jetzt bei uns. Aus Osteuropa sind Hunderttausende von Saatkrähen anwesend. Ebenso trifft man nun auch auf imposante Dohlenschwärme. Alpendohlen suchen die Menschennähe und scharen sich um Skistationen auf den Gipfeln. Im Bergland liegen die günstigsten Beobachtungsstellen von Alpenbraunellen rund um Heuschober und andere schneefreie Plätze. An Kirchtürmen sieht man gelegentlich Mauerläufer. Bei hohen Schneelagen und starker Kälte dringen auch im Flachland viele sonst scheue Vogelarten tief in Dörfer und Städte ein. Sogar Waldkäuze und Waldohreulen zählen hierzu. Silbermöwen, Lachmöwen, Rabenkrähen und Kolkraben scharen sich verstärkt um Müllplätze und andere günstige Futterstellen. Der Frost treibt Wasseramseln an saubere Tieflandflüsse. An klaren Bächen lassen sich hie und da Eisvögel beobachten.

Beobachtungsprojekt: Vögel am Futterhaus

Künstliche Futterstellen üben eine magische Anziehungskraft auf die Vogelwelt aus. Sie bringen uns die Arten näher, als es sonst möglich wäre. Nicht nur für Kinder sind die Futtergäste eine willkommene Abwechslung und gleichzeitig Gelegenheit für eindrucksvolle Erlebnisse. Voraussetzung für jegliche Form der Fütterung ist freilich ein artgemäßes Futterangebot und eine vorbildliche Hygiene. Der Futterplatz sollte katzensicher und vom Haus aus gut zu beobachten sein. Balkon, Terrasse oder eine Stelle vor dem Fenster bieten sich dafür an. An künstlichen Futterplätzen treffen wir etwa Blau-, Kohl-, Hauben-, Sumpf- und Tannenmeise, dazu Gartenbaumläufer, Rotkehlchen, Eichelhäher, Heckenbraunelle, Zeisig, Zaunkönig, Grün- und Buchfinken, Dompfaff, Buntspecht, Kleiber und Kernbeißer. Sehr häufig sind zudem Sperlinge und Drosseln. Wie groß das Artenspektrum ausfällt, hängt nicht zuletzt von der Reichhaltigkeit der umliegenden Lebensräume ab: In einem Naturgarten wird man mehr Vogelarten am Futterhaus beobachten können als in einem Ziergarten mit vielen Exotengehölzen.

Um einen Überblick über die Nahrungsgäste zu bekommen, lohnt ein Beobachtungsprotokoll. Notiert werden Vogelart, Datum und Uhrzeit. Auch die Anzahl der Besucher einer bestimmten Vogelart ist sehr aufschlußreich. Wichtig sind ferner Temperatur und Wetterlage. Mit der Zeit wird man – abhängig von den jeweiligen Umweltbedingungen – besonders günstige Beobachtungszeiten feststellen: die besten Chancen bieten hohe Schneelagen und große Kälte. Dann ist der Nahrungsbedarf der Vögel größer und ihre angeborene Scheu weicht dem Hunger. Jetzt kommen auch seltene Arten wie Tannenmeise, Buntspecht, Gartenbaumläufer und Heckenbrau-

Eine hygienisch einwandfreie Fütterung gewährleisten Meisenknödel, die besonders häufig von Blaumeise (links) und Kohlmeise besucht werden.

TIP:

Bei Neuschnee lohnt eine Exkursion auf Vogelspuren. Trittsiegel, Flügelmale und Kampfzeichen sind jetzt besonders leicht zu finden.

Die Samenstände der Wilden Karde enthalten natürliche Winterkost für Standvögel und Teilzieher. Die bunten Stieglitze sind geschickte Kletterer.

nelle herbei. Zu solchen Zeiten herrscht den ganzen Tag über reger Betrieb. Bei milder Witterung ist das anders, denn dann haben die Vögel noch genügend natürliche Ernährungsmöglichkeiten. An solchen Tagen werden weniger Besucher am Futterhaus auftauchen, zudem überwiegend die Allerweltsarten Blau- und Kohlmeise, Amsel und Haussperling. Die beste Beobachtungszeit fällt in die frühen Morgenstunden, wenn die Vögel ihre leeren Mägen füllen müssen.

Weil der künstliche Futterplatz oft nur eine zweitklassige Nahrungsquelle darstellt, kommen nicht jedes Jahr gleich viel Vögel und Arten herbei. So verlassen beispielsweise Kleiber und Tannenmeisen ihren angestammten Lebensraum, den Wald, nur dann, wenn ihnen dort das Futter ausgeht. In einem Bucheckernjahr wird man im Garten deshalb unter Umständen

kaum Kleiber sehen, und wenn es in Natur reichlich Fichten- und Tannenzapfen gibt, bleiben die Tannenmeisen weg. Ebenso trifft man Zaunkönige nur in nahrungsarmen Jahren oder bei großer Bevölkerungsdichte häufiger am Futterhaus. Die vielen Singvögel locken gelegentlich auch ihre Jäger herbei. Sperber und mancherorts auch Habichte spezialisieren sich im Winter auf die halbzahmen Vogelscharen. Man sollte sie tolerieren, auch sie leiden unter Frost und Kälte und sind für eine »künstliche« Futterquelle dankbar. So oder so – die Beobachtungszeit am Futterhaus wird niemals langweilig. Immer gibt es Neues zu entdecken, Spannendes zu verfolgen. So kann man – ganz nebenbei – viel über das Verhalten der Vögel lernen.

Beobachtungsprojekt: Überwinterung von Wasservögeln

Die Vogelkundler haben Mitte Januar einen wichtigen Termin. International werden nun die Vogelbestände von Schwimmvögeln und Gänsen erfaßt. Dieses Datum ist kein Zufall: Tatsächlich konzentrieren sich in diesem Monat ungeheure Wasservogelscharen auf den Gewässern. Hier lassen sie sich sehr gut und ohne große Störung beobachten. Wer also Interesse an der Vielfalt der Gänse, Enten, Taucher, Säger und Schwäne hat, könnte es – mit Fernglas, Spektiv oder Teleobjektiv – den Ornithologen gleichtun und einen Blick auf diese faszinierende Vogelwelt werfen. Je kälter der Winter, um so günstiger sind dabei die Aussichten im Binnenland. Notgedrungen müssen sich große Vogelscharen auf wenigen eisfreien Stellen drängen. Auf jedem See, an Stauwehren auf Flüssen sammeln sich nun Hunderte und Tausende Tiere, die hier einen Teil des Winters verbringen. Doch auch ein kleiner Baggersee oder der Stadtpark kann

manche Überraschung bergen, etwa Tafelenten oder Reiherenten, dazu die possierlichen Zwergtaucher. Mitten im Binnenland finden sich nun auch Besucher von der Meeresküste ein, etwa Sturmmöwen und Silbermöwen. Von besonderer Anziehungskraft für Wasservögel sind die großen Seen im Voralpenraum. Hier kann man etwa auf Schellenten treffen, auf Bergenten, Sterntaucher und Ohrentaucher. An der Küste wiederum konzentrieren sich um diese Zeit Tafelenten oder Spießenten. Besonders ergiebig dürfte auch eine Fahrt in die niederländischen Winterquartiere von Wildgänsen und Schwänen sein. Am Ostrand der Ijsselmeeres zeigt sich das gesamte europäische Artenspektrum, einschließlich Zwerg- und Singschwänen.

Mit etwas Geduld lassen sich an Seen oder Flüssen sogar Vergleichsbeobachtungen zur Ernährungsweise der wasserbewohnenden Vogelwelt durchführen. Hierbei gilt es, etwaige Unterschiede zwischen Haubentaucher, Stockente, Löffelente, Höckerschwan, Kormoran und anderen Vögeln zu erkennen. Dazu sucht man sich am besten einen Platz mit gutem Überblick und achtet speziell auf alle Verhaltensweisen, die der Ernährung dienen könnten. Doch nicht nur die Ernährungsform (Tauchen, Gründeln, Ansitzjagd) sind hierbei von Bedeutung, sondern auch der Ort der Nahrungsaufnahme (Ufer, Flachwasser, tieferes Wasser, Seemitte, etc.). Die Beobachtungen kann man anschließend mit Angaben aus Fachbüchern ergänzen.

Mülldeponien sind besonders im Winter ein gedeckter Tisch für Möwen. Silbermöwen wandern deshalb weit ins Landesinnere und verbringen hier teilweise die kalte Jahreszeit.

Vogelbeeren gehören zum Lieblingsfutter des Dompfaffs. Daneben verspeist er weitere 29 Früchte heimischer Sträucher.

Die Vögel des Monats

Kleiber
(Sitta europea)

Der auffällige Baumbewohner mit der aschgrauen Oberseite, dem schwarzen Augenstreif und der gelblich-rostroten Unterseite fällt in diesen Tagen schon von weitem durch seine durchdringenden Rufe auf. »Twiht, twiht, twiht«, tönt es in schneller Folge. Die kahlen Bäume machen nun so manche Sichtbeobachtung möglich. Der Singvogel erweist sich bei näherer Betrachtung als wahrer Akrobat, so geschickt turnt er an der Rinde hoch und – im Gegensatz zu Spechten und Baumläufern – auch wieder herunter. Dabei stochert er emsig mit seinem spitzen Schnabel in Ritzen herum, immer auf der Suche nach etwas Freßbarem. Verborgene Spinnen, Insekten und andere Kleintiere bilden den einen Teil der Speisekarte. Doch gerade in der kalten Jahresperiode greifen Kleiber verstärkt auf Baumsämereien zurück. Kraftvoll, beidbeinig hüpfend bewegen sie sich auf dem Boden fort und stöbern zwischen dem Herbstlaub nach versteckten Eicheln, Bucheckern und Haselnüssen. Wird ein Tier fündig, zwängt es den hartschaligen Samen in einer Rindenspalte so fest, daß es ihn aufhämmern kann. Auch dies sieht man nun gelegentlich. Ans Futterhaus las-

Eine Baumritze reicht Kleibern als Samenschmiede. Hier wurden Sonnenblumenkerne eingeklemmt und fein säuberlich aufgemeißelt.

Im Gegensatz zu Spechten und Baumläufern klettern Kleiber Baumstämme auch hinunter.

sen sich Kleiber ebenfalls locken, wobei sie mit Vorliebe Erdnüsse, Haselnüsse, Sonnenblumenkerne und Fett nehmen. Besonders mögen sie auch Mehlwürmer.

Dompfaff
(Pyrrhula pyrrhula)

Auch er kommt jetzt gern ans Futterhaus. Während der Dompfaff oder Gimpel das restliche Jahr eher versteckt in Wäldern verbringt, vagabundiert er zur Winterszeit auch durch Gärten und Parks. Am Futterplatz erscheint er erst, wenn keine Gefahr droht. Das Männchen fällt sogar im dichten Gebüsch durch seine leuchtend rote Unterseite auf. Die eher unscheinbar gefärbten Weibchen erkennt man oft erst im Abflug am Aufblitzen des für Gimpel typischen weißen Bürzels. Genauso verräterisch sind allerdings die charakteristischen Rufe (»düe« oder »diü«). Der scheue Singvogel bleibt den Winter über mit seinem Partner zusammen. Wo also ein Geschlecht entdeckt wird, ist das andere meist nicht weit. Die Hauptnahrung bilden vor allem Baumknospen. Speziell an Kirschen, Weiden und Birken werden die kräftigen Knackschnäbel eingesetzt, dementsprechend sind hier die Beobachtungschancen am größten. Daneben trifft man Dom-

pfaffe auf Samenernte – vorzugsweise in Ahornbäumen, Eschen und Birken oder auf Beerensuche in Vogelbeeren.

Bergfink
(Fringilla montifringilla)

Der Bergfink ist ein gar nicht so seltener Wintergast aus Skandinavien und Osteuropa. In nahrungsarmen und kalten Wintern gelangen oft Schwärme riesigen Ausmaßes zu uns. Der »Buchfink des hohen Nordens« hält sich an keine bestimmten Winterquartiere, sondern richtet sich vor allem nach dem Bucheckernangebot. In einem Buchenmastjahr können lokal Millionen Tiere zusammentreffen. Doch auch auf Brachland oder auf Feldern lassen sich Bergfinken zum Fressen nieder. Kleinere Trupps stoßen zwischen Oktober und März in die Gärten vor und erobern dann kurzzeitig die Futterstellen.

Reiherente
(Aythya fuligula)

Der Erpel der Reiherente ist dank seines auffälligen Federschopfes kaum zu verwechseln. Die überwiegend braunen Weibchen hingegen werden oft für Bergenten-Weibchen gehalten. Die Tiere, die man jetzt sogar weit im Süden auf Binnenseen, Parkteichen oder in aufgestauten Flußabschnitten zu Gesicht bekommt, sind dort entweder heimisch oder kommen als – Winter-

Einem Buchfink nicht unähnlich ist der Bergfink. Der nordische Brutvogel zählt zur Schar unserer Wintergäste.

gäste – aus dem Norden zu uns. Bei milder Witterung überwintert der Zugvogel auch in Ost- und Nordsee. Reiherenten gehören zur Gruppe der Tauchenten, die ihre Nahrung in halbminütigen Tauchgängen erwerben. Auf der Suche nach Wasserinsekten, Muscheln und Schnecken tauchen sie bis 14 Meter tief. Bei Fütterungen sichert ihnen ihre Tauchkunst im Streit mit Stockenten und Lachmöwen oft die besten Brocken. Mit dem Futter im Schnabel können sie ungehindert abtauchen.

TIP:

Überwinternde Mäusebussarde halten sich jetzt oft entlang von Straßen auf. Vom Auto aus sind sie gut zu beobachten. Stellen Sie doch einmal eine kleine »Statistik« über die Häufigkeit an einem bestimmten Streckenabschnitt auf! Zum Vergleich die Bussardzahl im Sommer noch einmal feststellen.

Unverwechselbar wird das Männchen der Reiherente durch seinen auffälligen Federschopf.

Waldkäuze sind flexible Jäger. Sie richten sich nach dem Angebot und erbeuten nicht nur Mäuse. Jetzt werden verstärkt Kleinvögel an Schlafplätzen gejagt.

Februar

Wenn der Februar kalt und schneereich ist, ändern sich die Beobachtungsmöglichkeiten im Vergleich zum Vormonat nur wenig. Bringt er aber vorfrühlingshafte Tage, steigert sich die Aktivität der Vögel. Auch dieser Monat steht noch im Zeichen der Wintergäste. Die Chancen sind gut, auf Wildgänse, diverse Schwimm- und Tauchenten, Bergfinken, Birkenzeisige oder Seidenschwänze zu treffen. In den Rastgebieten der Sing- und Zwergschwäne in Norddeutschland zählt man jetzt die meisten Tiere. Die Wasservögel konzentrieren sich nach wie vor auf Seen, Flüssen und am Meer. Arten wie Gänsesäger und Schellenten befinden sich mitten in der Balz, während Waldkäuze vereinzelt schon auf Eiern sitzen können. Durch die Nadelwälder der Alpen vagabundieren Schwärme von Kreuzschnäbeln. Alpenkrähen kommen bis in die Tallagen hinab. In Steinbrüchen rufen erste Uhumännchen. Sonniges Wetter verlockt daneben Türkentauben und Meisen zu frühen Werbungsversuchen. Amseln, Zaunkönige, Kleiber und Buchfinken beginnen gleichfalls

mit Frühlingsgesängen. Besonders auffällig sind nun die Trommelstakkatos der Spechte im Wald. In Heckenbiotopen, Feldgehölzen und Moorrändern trifft man vereinzelt auf Raubwürger. Moore und Wiesenlandschaften beherbergen zuweilen Kornweihen. Rauhfußbussarde, Kraniche, Saatgänse, Feldlerchen, Kiebitze und Bachstelzen treten bei günstiger Witterung teilweise bereits den Heimzug an. Gegen Monatsende kommen dann Kurzstreckenzieher wie Mistel- und Singdrossel wieder. Auch die Brutpaare von Rebhuhn, Kolkrabe, Weiden-, Sumpf- und Haubenmeise sind dann wieder an ihrem angestammten Brutort. Pärchen von Elster, Waldohreule, Steinkauz und Haubenlerche halten ihre Reviere bereits besetzt.

Beobachtungsprojekt: Trommelwirbel verschiedener Spechte

Aufgrund ihrer Laute lassen sich Spechte im Spätwinter unschwer lokalisieren. Am besten orientiert man sich hierbei an ihren Kontakt- und Warnrufen und – vor allem – den Trommelgeräuschen. Für Grün-, Grau-, Schwarz- und Buntspecht kann dadurch Ende Februar bereits die Siedlungsdichte ermittelt werden. Im Vergleich mit Tonaufnahmen lassen sich einzelne Spechtarten sehr bald unterscheiden. Am häufigsten trifft man auf den Buntspecht. Seine Trommelserien sind 800 m weit zu hören. Er bevorzugt dürre, oft waagerechte Äste in der Gipfelregion, sucht aber auch laute, »künstliche« Resonanzkörper (Leitungsmasten, Isolatoren, Bleche, Wetterfahnen, Fahnenstangen) auf. Buntspechte klopfen lange Serien mit 5–8 Trommelwirbeln pro Minute. Die einzelnen Wirbel bestehen meist aus 10–16 Einzelschlägen und sind mit 0,6 Sekunden Länge auffällig kürzer als bei anderen Spechten. Männchen trommeln wesentlich intensiver und länger als Weibchen. Der häufigste Einzelruf ist ein helles, durchdringendes »kix«, der in Erregung auch in schneller Folge geäußert wird. Buntspechtpaare besetzen Reviere zwischen 10–60 Hektar Größe.

Beim Grauspecht trommeln meist nur die Männchen. Die Trommelwirbel weisen eine Frequenz von etwa 20 Schlägen pro Sekunde auf. Getrommelt wird 1–2 Sekunden lang. Auch Grauspechte bevorzugen hohle Resonanzkörper. Gelegentlich suchen sie dazu Metallstücke an Leitungsmasten oder Dächer auf. Typisch sind »kü«-Rufe, die 5–20mal wiederholt werden. Zwischen den Partnern hört man ein leises »djück«, in Erregung ein lautes »kük«. Die Reviere umfassen mit 100–500 Hektar Fläche wesentlich mehr Raum als beim Buntspecht. Die Einzelrufe von Kleinspechten klingen ähnlich wie beim Buntspecht, sind aber merklich leiser. Weithin hörbar ist jedoch eine Rufreihe aus 8–20 »ki-ki-ki-ki«. Die Trommelwirbel von Männchen und Weibchen fallen heller aus als bei der Verwandschaft. Sie dauern 1 bis 1,5 Sekunden und bestehen aus über 30 Einzelschlägen.

Beim Dreizehenspecht trommeln Männchen wie Weibchen. Die Wirbel dauern mit durchschnittlich 1,2 Sekunden ungefähr doppelt so lang wie beim Buntspecht. Die letzten Schläge erfolgen meist schneller. Dreizehenspechte rufen ihr »güp« oder »ptük« nur selten. Männchen und Weibchen von Weißrückenspechten trommeln doppelt bis dreimal so lange Wirbel wie Buntspechte. Jeder Wirbel besteht aus 30–40 immer rascher folgenden Einzelschlägen. Leise und weiche Einzelrufe, etwa »güg« oder »kjük«, sind kennzeichnend.

Schwarzspechtgetrommel hört man am weitesten (bis 4 km). Die Wirbel dauern von allen Spechten am längsten (bis 3,3 Sekunden), die Einzelschläge folgen rasch aufeinander (17 Stück pro Sekunde). Typisch sind Rufreihen aus 10 bis 20 »kwih-kwih«. Der Flugruf »kürr-kürr« oder »krrü-krrü« kann 700–1000 m weit vernommen werden. Die Reviergröße variiert zwischen 100 und 400 Hektar.

Heimische Spechte:
1 *Buntspecht*
2 *Weißrückenspecht*
3 *Grünspecht*
4 *Grauspecht*
5 *Mittelspecht*
6 *Kleinspecht*
7 *Schwarzspecht*
8 *Dreizehenspecht*

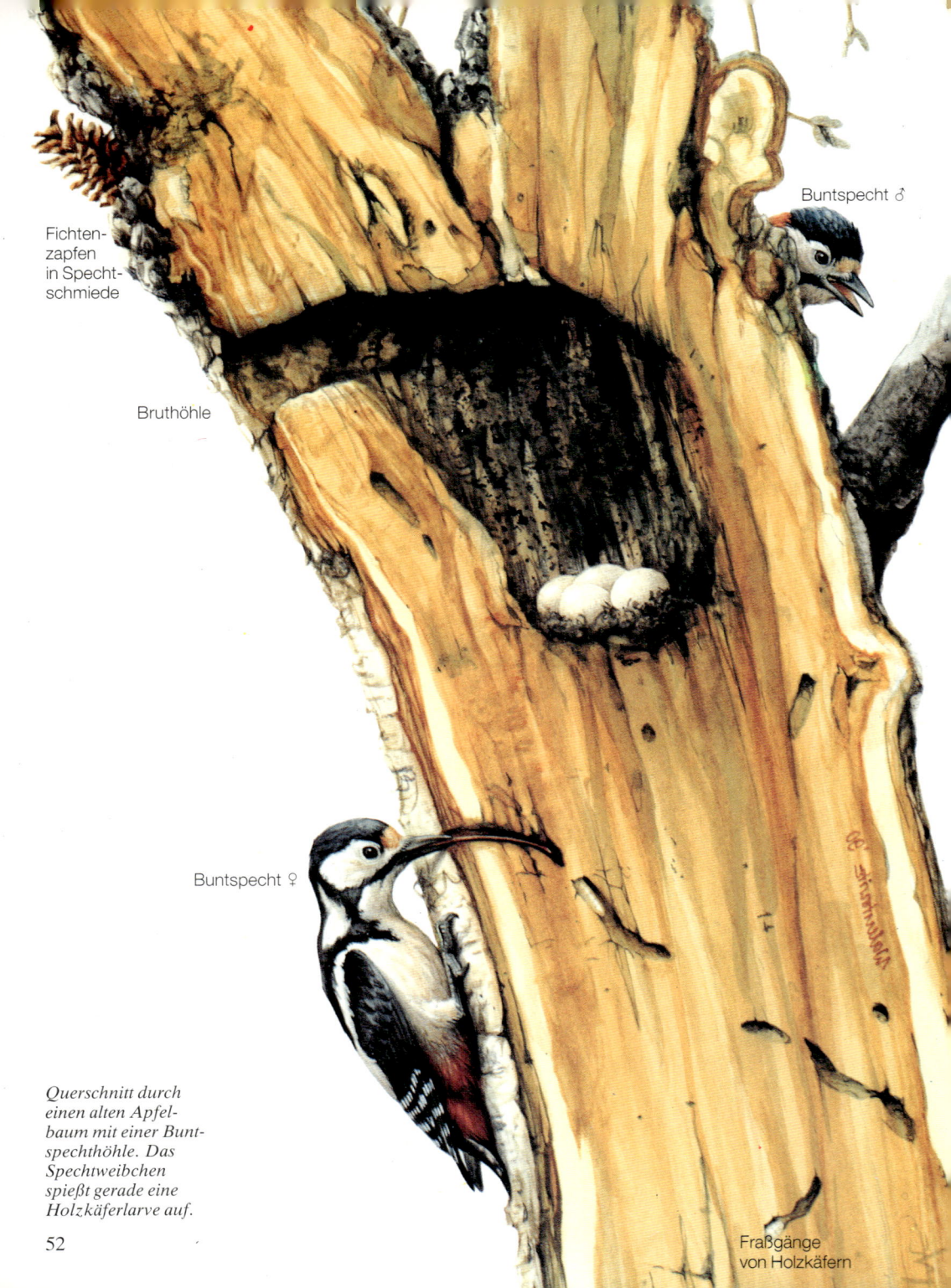

Fichten-
zapfen
in Specht-
schmiede

Buntspecht ♂

Bruthöhle

Buntspecht ♀

*Querschnitt durch
einen alten Apfel-
baum mit einer Bunt-
spechthöhle. Das
Spechtweibchen
spießt gerade eine
Holzkäferlarve auf.*

Fraßgänge
von Holzkäfern

Grünspechte trommeln fast nicht, sind allerdings an einer Serie von weichen »klü«-Rufen zu erkennen. Ein Pärchen beansprucht eine Reviergröße zwischen 10 und 400 Hektar. Auch der Mittelspecht trommelt selten, ruft dafür auffällig quäkend »quäää«.

Beobachtungsprojekt: Der Reviergesang des Waldkauzes

Der Revierruf von Walzkauz-Männchen ist in klaren Februarnächten an Waldrändern oder auch in städtischen Grünanlagen weithin vernehmbar. Mit etwas Glück und Geschick bekommt man den Vogel zu Gesicht. Am günstigsten für Sichtbeobachtungen sind die Nächte um den Vollmond. Wer nur die Laute hören will, kann auch in der Neumondphase auf Pirsch gehen. Waldkäuze rufen gern und vor allem laut. Der Reviergesang besteht aus

drei Teilen. Er beginnt mit einem zwei- oder dreisilbigen »huuu« oder »krruh«, worauf eine Pause von 1,5 bis 7 Sekunden folgt. Anschließend stößt der Vogel ein hartes »hu« oder »uh« aus, das in einem tieferen, wohlklingenden Roller endet (»uuuuuuuu«). Variationen dieser Abfolge sind möglich, Einzelelemente daraus werden vorgetragen. Auch die Weibchen äußern sich mit einem Laut, der etwa mit »lulululuhuuu« zu umschreiben wäre. Es kann sich lohnen, den Revierruf des Männchen nachzuahmen oder vorzuspielen. Zuweilen hört das Männchen hierin einen Konkurrenten und nähert sich. Allerdings geschieht dies – wie bei Eulen üblich – lautlos.

Die Vögel des Monats

Waldkauz
(Strix aluco)

Der Waldkauz gehört zu unseren häufigsten Eulen. Dies hat er seiner Anpassungsfähigkeit zu verdanken, die ihn zum Kulturfolger werden ließ. Waldkäuze besiedeln nämlich nicht nur Wälder, sondern sind bis mitten in Städte vorgedrungen. Dort bevorzugen sie große Parks und Friedhöfe. Flexibel zeigt sich die Art aber nicht nur in der Lebensraumwahl, sondern auch bei der Jagd. Im Sommer erbeutet die Eule Mäuse und andere Säuger bis zu einem Pfund Lebendgewicht, auf ihrer Nahrungsliste stehen ausnahmsweise Regenwürmer, Frösche oder sogar Fische. Jetzt im Winter stellen viele Waldkäuze verstärkt Kleinvögeln nach, die sie entweder in der Dämmerung überraschen oder sogar am Schlafplatz schlagen. In Städten hat der Waldkauz sich auf Tauben, Amseln, Sperlinge und Grünfinken spezialisiert, die hier in Massen vorkommen. Die großköpfige, braune bis graue Eule mit einer Flügelspannweite von einem Meter erweist sich dabei als un-

Beim Klettern stützt sich das Grünspecht-Weibchen mit dem Schwanz ab. Die Tiere sind auch häufig am Boden zu beobachten.

TIP:

Vielversprechend sind jetzt Beobachtungen im Röhricht, speziell in Rohrkolbenbeständen. Samenfresser ernten die Kolben ab, Insektenfresser zerpflücken die Stengel mit den darin verborgenen Futtertieren. Die Kolben werden auch als Sitzwarte und Gesangsplatz genutzt, z. B. von den jetzt zurückkehrenden Rohrammern.

Den Tag verschlafen Waldkäuze in Ast-löchern, Baumhöh-len oder Gebäuden. Meist entdeckt man die perfekt getarnten Eulen nur durch Zufall.

Doch muß man sich dem Vogel behut-sam nähern, denn verstörte Tiere ver-stecken sich gern auf der Rückseite des Baumes oder fliegen laut schimpfend ab. Nur im städtischen Revieren sind die Individuen zutraulicher. Bunt-spechte laufen den Stamm spiralenför-mig hoch. Als Aufenthaltsort bevorzu-gen sie die Wipfelregionen. Nur selten kommen sie zur Nahrungssuche auf den Boden, etwa um einen morschen Baumstumpf nach Holzinsekten zu durchsuchen. Um diese Jahreszeit hal-ten sich Buntspechte stark an Baum-sämereien. Sie klemmen Nadelzapfen in Rindenritzen und schlagen die Kerne heraus. Auch zum Futterhaus kommen sie gelegentlich, wobei sie be-sonders gern Haselnüsse, Erdnüsse und Mandeln akzeptieren.

Gänsesäger
(Mergus merganser)

Im Februar beginnt für Gänsesäger die Balzperiode. Auf Flüssen und Seen im Alpenvorland, an der Ostseeküste und auf küstennahen Seen lassen sich diese eindrucksvollen Vögel beobachten. Die Werbung verläuft ähnlich wie bei Enten mit vielen Ausdrucksbewegun-gen. Hierzu zählen etwa das Schnabel-hochrecken und das Zickzackschwim-men. Auch Streitigkeiten zwischen Re-viernachbarn sind an der Tagesord-nung. Der Pinzettenschnabel eignet sich hervorragend zum Ergreifen von Fischen. In der Mehrzahl sind die Beu-tetiere fingerlang, selten größer. Mit etwas Glück kann man die Tiere auch auf der Jagd beobachten. Dazu treiben sie ihre Beute flügelschlagend in flache Buchten, um sie dort herauszufangen.

Bachstelze
(Motacilla alba)

Bei milder Witterung darf man mit er-sten Heimkehrern des sperlingsgro-ßen, charakteristisch schwarz-weiß ge-färbten Singvogels rechnen – falls Ein-

gemein geschickter Flieger. Bedingt durch ihre weitgehende Unabhängig-keit von saisonal beschränkter Nah-rung pflanzen Waldkäuze sich schon früh fort. Gebrütet wird im Einzelfall schon jetzt, auf jeden Fall aber ist im Februar der Höhepunkt der Balzakti-vität erreicht. In diese Werbungsphase fallen besonders viele Revierrufe der Männchen, die uns die Anwesenheit der Nachtvögel dokumentieren.

Buntspecht
(Dendrocopos major)

Der amselgroße Garten-, Park- und Waldbewohner läßt sich im März be-sonders leicht aufspüren. Dies liegt zum einen an den häufigen und durch-dringenden Revierrufen, zum anderen an den unüberhörbaren Trommelsolis der Männchen. Die noch laubfreien Bäume erlauben Dauerbeobachtun-gen, die im Sommer schwierig wären.

Gänsesäger befinden sich nun schon im Balzgeschäft. Aggressionen zwischen und unter den Geschlechtern sind an der Tagesordnung.

zeltiere die kalte Jahreszeit nicht ganz bei uns verbracht haben. Der Teilzieher, der in West- und Südeuropa, aber auch in Nordafrika überwinterte, sucht nun optimale Lebensräume auf. Hierzu zählen jedoch nicht nur Plätze am Ufer von Bächen und Flüssen, sondern zunehmend auch wasserferne Gebiete. So siedelte die Bachstelze in jüngster Zeit immer öfter auch in Dörfern und Städten. Während der warmen Jahresperiode ist der Insektenjäger häufiger Besucher von Grünflächen. In der kalten Zeit jedoch bevorzugen viele Tiere Wassernähe. An Gewässerufern finden Überwinterer am wahrscheinlichsten Nahrung. Hier fangen sie kleine Fliegen und Mücken, die jetzt schon aktiv sind. An günstigen Stellen errichten Individuen sogar Nahrungsreviere, die sie heftig gegen Artgenossen verteidigen. Bei Futtermangel schließen sich Bachstelzen dann zu größeren Trupps zusammen, die auf der Suche nach neuen Nahrungsquellen umherstreifen.

An Bächen und Flüssen finden Bachstelzen derzeit die meiste Nahrung. Hier fangen sie Mücken und Fliegen.

Situationen aus dem Revierkampf zweier Amselmännchen. Nachdem ein Konkurrent in das Gartenrevier eingedrungen ist (oben), kommt es zum Imponierverhalten: 1 Das rechte Tier droht mit abgestelltem Schwanz, doch der Eindringling weicht nicht.

März

Ein aufregender Monat, der geprägt ist von Zugbewegungen. Während uns die Überwinterer nach und nach verlassen, kommen die Brutvögel allmählich zurück. Zilpzalp, Schwarzkehlchen, Hausrotschwanz, Misteldrossel und andere Kurzstreckenzieher fliegen heimwärts und rasten in geeigneten Biotopen. Auch der Durchzug von Kranichen, Heidelerchen und Am-

mern findet statt. Bei Bachstelzen, Feldlerche, Rotkehlchen und Singdrossel ergänzen Zuzügler die Bestände. Bleibt es warm genug, wird überall um Reviergrenzen gesungen und gekämpft. Ringeltauber zeigen ihre auffälligen Revierflüge. Über Feldern und dem Grünland an Nord- und Ostsee jubilieren Lerchenmännchen. Meisen und Zaunkönige sind mit dem Nestbau beschäftigt, Gänsesägerweibchen auf Nistbaumsuche. Für Amseln, Wasseramseln, Türkentauben, Grünfinken oder Kiebitze beginnt die Brut-

①

saison. Auch Raben- und Saatkrähe, Elster, Graugans, Eichelhäher, Misteldrossel, Schwanzmeise oder Gebirgsstelzen sitzen teilweise schon auf dem Gelege. Waldkäuze können Junge haben. Hinsichtlich der Wasservögel steht der Durchzug von Weitstreckenfliegern wie der Knäkente aus Afrika an. Gewässer eignen sich gut für Beobachtungen wandernder Löffel-, Schnatter-, Pfeif- und Spießenten. Die Balz von Stockenten und Bläßhühnern erreicht vielfach ihren Höhepunkt. Am Niederrhein verlassen Saat- und Bläßgänse allmählich ihre Äsungsplätze und ziehen heimwärts Richtung Nordost. Auch die Zwergschwäne verlassen die Überwinterungsgebiete. Auf Feuchtwiesen halten sich Durchzügler von Kampfläufern, Rotschenkel und Uferschnepfen auf, während Kiebitze, Bekassinen, Austernfischer, Waldschnepfen sowie Silber- und Sturmmöwen schon erste Reviere beziehen. Auf den Halligen der Nordsee, den Inseln und dem Vorland weiden Ringelgänse, der Durchzug von Knutts und Strandläufern setzt ein. Die Wattflächen füllen sich mit rastenden, nordischen und osteuropäischen Wasser- und Watvögeln. Die Vogelfelsen an der Küste werden belegt. Im Bergland beginnen Rauhfußkauz und Sperlingskauz zu balzen, der Uhu verstärkt seine Werbungsrufe. Überall erschallt das Getrommel von Spechten. Zu Monatsende treffen die ersten Rauchschwalben ein. Dann erreichen auch Langstreckenzieher wie Weißstorch, Schwarzmilan oder Fischadler die Brutheimat.

Beobachtungsprojekt: Revierkämpfe zwischen Amseln

Ein paar warme Märztage verändern das Verhalten der Amsel, was sich leicht in Gärten und Grünanlagen beobachten läßt. Vertrieben die Tiere bei der Futtersuche den ganzen Winter über ausnahmslos jeden Artgenossen aus der unmittelbaren Reichweite, so scheint das speziell für Männchen nicht mehr zu genügen. Die schwarzgefärbten Vögel mit ihrem leuchtend gelborangen Schnabel liefern sich nun regelrechte Kämpfe. Sie verjagen sich wechselseitig, wobei es zu harten Kämpfen in der Luft und am Boden

2 Der Revierbesitzer (rechts) versucht, den Neuankömmling zu verjagen.

3 Es kommt zum ersten Luftkampf, bei dem der Revierinhaber den Eindringling mit dem Schnabel zu Boden drücken will.

4 *Erschöpft sinken die Kontrahenten zu Boden. Der offene Schnabel bedeutet Drohen.*

5 *Zweiter Luftkampf, diesmal mit Füßen.*

6 und **7** *Der Revierinhaber ist Sieger, drückt den Unterlegenen zu Boden und breitet die Flügel aus. Der Verlierer ergreift daraufhin die Flucht.*

TIP:

Schauen Sie öfter mal an den Himmel! Im März ziehen tagsüber Schwärme von Bergfinken, Drosseln und Kiebitzen nach Norden. Auch Mäusebussarde befinden sich auf dem Rückweg. Besonders eindrucksvoll sind die Keilformationen von Kranichen und Wildgänsen mit ihren lauten Kontaktrufen.

kommen kann. Dabei treten bestimmte Verhaltenweisen auf, die typisch sind für solche Streitigkeiten. So stellen beunruhigte Männchen ihre Schwänze und Hinterkörper auffällig hoch. Das bedeutet Erregung, aber auch Beschwichtigung. Die umgekehrte Haltung (aufgerichteter Vorderleib und Kopf) signalisiert Drohen. In gleicher Weise zu deuten, ist der dem Gegner zugewandte, weit aufgesperrte Schnabel. Eine intensivere Form der Einschüchterung ist das Abstellen des Schwanzes beim Drohlaufen. Solche Imponierrituale können fünf Minuten dauern. Beim Überfliegen, einer Luftkampfvariante, versucht jeder, den anderen mit dem Schnabel zu Boden zu drücken.

In einer anderen Luftkampfform bemühen sich die Tiere, sich mit vorgestreckten Füßen und Krallen nach unten zu drücken. Hierbei steigen die Kontrahenten bis 3 m hoch. Gelingt es einem Kämpfer, sein Gegenüber auf den Boden mit seinen Füßen zu fixie-

ren und die Flügel auszubreiten, ist der Kampf praktisch entschieden: Der Unterlegene flieht schnellmöglichst, wobei fortan klare Unterlegenheit grundsätzlich durch eine geduckte Körperhaltung ausgedrückt wird.

Solche Territorialkämpfe dauern bis zu 20 Minuten und können mehrmals am Tag und viele Wochen lang auftreten. Mit ihnen werden die Grenzen der Brutreviere festgelegt, in denen dann das Nest errichtet werden kann. Das gegen die Konkurrenz verteidigte Brutrevier gewährleistet die spätere Versorgung der Jungen mit Futter, enthält Badestellen, Verstecke und Schlafplätze. Es ist meist größer als 600 Quadratmeter. Solange sich die Reviernachbarn an die festgelegten Grenzen halten, bleibt die Situation stabil. Dringen sie oder fremde Männchen oder Weibchen allerdings in ein bereits besetztes Gebiet ein, beginnt der ganze Streit von vorn. Auch die Weibchen intervenieren oft zugunsten ihres Partners.

Beobachtungsprojekt: Stockentenbalz

Auf jedem Parkweiher kann man im Frühjahr den Balzspielen der Stockente zuschauen. Sie bestehen aus vielen festgelegten Verhaltensweisen, die in eine bestimmte zeitliche Abfolge gehören. In der Hochbalz im Vorfrühling verfallen die Erpel eines Gewässers mindestens einmal in der Stunde in Balzstimmung. Sie sammeln sich an einer Stelle und führen zunächst eine bestimmte Begrüßungszeremonie aus, das Scheinputzen: Hierzu strecken sie den Schnabel hastig unter einen Flügel und machen Putzbewegungen. Oft geht noch ein angedeutetes Wassertrinken voraus. Zu diesem Zeitpunkt schwimmen oft schon einige Weibchen in einer charakteristischen Bewegung mit tiefgehaltenem Kopf herbei (Nickschwimmen).

Die eigentliche Balz beginnt dann mit dem Schüttelstrecken der Erpel, das einem normalen Gefiederschütteln gleicht, aber wesentlich öfter und betonter ausgeführt wird. Die Erpel stoßen den Kopf schüttelnd in die Luft und steigen dabei halb aus dem Wasser. Anschließend folgt das sogenannte Kurzhochwerden, wobei Kopf, Flügel und Schwanz hochgerissen werden und der Schnabel auf eine bestimmte Ente zeigt. Auch der Grunzpfiff (zur Ente wird etwas Wasser gespritzt und dabei gepfiffen) ist möglich, ebenso das Auf-Ab (kurzes Eintauchen des Schnabels im Wasser). Daran kann sich wieder Nickschwimmen anschließen, wobei diesmal der Erpel die Ente umkreist. Vor der eigentlichen Kopulation ist schließlich noch das Pumpen zu beobachten, eine rhythmische und wechselseitige Auf- und Abbewegung des Kopfes von Erpel und Ente. Solche festgelegten Balzrituale zeigen auch andere Entenarten in der Paarungssaison, wenngleich in teilweise stark abgewandelter Form.

Vier Phasen aus der Stockentenbalz: Mit dem »Schüttelstrekken« beginnt die eigentliche Erpelbalz.

Beim »Nickschwimmen« umkreist der Erpel die Ente.

Der Erpel fordert die Ente mit dem »Pumpen« zur Paarung auf.

Schließlich erfolgt die Kopulation, wobei das Männchen das Weibchen unter Wasser drückt.

Die Vögel des Monats

Amsel
(Turdus merula)

Ursprünglich lebte die Amsel als scheuer Waldvogel fernab des Menschen. Noch um 1800 galt die Schwarzdrossel als Rarität im Stadtbereich. Inzwischen aber ist sie der häufigste Stadtvogel unserer Tage. Ausschlaggebend waren hierfür sicherlich die günstigen Lebensbedingungen. In menschlichen Siedlungen finden die Tiere erstens viele Grünflächen mit ihrer Lieblingsnahrung, dem Regenwurm. Zweitens fällt hier das Spektrum natürlicher Feinde weg. Und drittens liegen die Temperaturen in der Stadt um einige Grad über denen im Umland. Durch diese Umstände veränderte sich mit der Zeit auch das Verhalten der Amsel. Die Tiere wurden zutraulich, ja suchten sogar die menschliche Nähe.

Mit Grünfinken und Sperlingen gehören Amseln zu den Dauergästen am Futterhaus. Auch seinen Brutplatz sucht das Weibchen oft im unmittelbaren Wirkungsbereich des Menschen.

Bruten auf Gießkannen, Blumenkästen, in der Hausbegrünung, auf Fenstersimsen oder Balkonen sind verbürgt. Dank der optimalen Lebensbedingungen konnte die Reviergröße zusammenschrumpfen. Umfassen Waldreviere noch einige Hektar, so begnügen sich Stadtamseln mit einem Zehntel oder gar einem Zwanzigstel der Fläche. Auch die Bruthäufigkeit stieg an. Statt der höchstens zwei Bruten ihrer Artgenossen im Wald ziehen Stadtamseln maximal viermal Junge auf, teilweise beginnen sie damit sogar schon im Winter. Trotz solcher Tendenzen zur Domestikation behielten viele Schwarzdrosseln bis heute ihr Zugverhalten bei. Als Teilzieher weichen sie dem Winter bis nach Süd- und Südwesteuropa aus. Allerdings wandert heute nurmehr ein Teil der Tiere weg. Der andere Teil überwintert vor Ort, ist also Standvogel geworden. Wer dabei besser abschneidet, hängt unter anderem vom Witterungsverlauf ab. In harten Wintern haben die Teilzieher größere Überlebens- und Brutchancen, da Kälte und Hunger die Standvögel dezimieren. In warmen Wintern hingegen sind die Standvögel im Vorteil, weil die Männchen frühzeitig die nahrungsreichsten Reviere besetzen können. Nachzügler müssen sich mit den ungünstigeren Plätzen zufrieden geben und ziehen dadurch weniger Junge groß.

Stockente
(Anas platyrhynchos)

Wie bei der Amsel, so lassen sich auch bei Stockenten Domestikationserscheinungen beobachten. Besonders die Tiere auf städtischen Gewässern haben ihre Scheu vor dem Menschen abgelegt und sind sehr zutraulich geworden. Zum Teil verpaaren sich auch Hausenten mit den Stockenten und reduzieren dadurch die Überlebensfähigkeit in freier Natur. Solche Einkreuzungen kann man leicht an Farb-

Brutplatz Eimer, ein Beweis für die Anpassungsfähigkeit der Amsel an menschliche Lebensbedingungen.

variationen im Gefieder erkennen: Stockerpel oder Enten besitzen anstelle ihrer normalen Zeichnung weiße, schwarze, braune oder andere, unnatürlich aussehende Gefiederpartien. Brüten auffällig gefärbte Entenweibchen in Natur, sind die Chancen größer, daß sie oder ihre Küken entdeckt und erbeutet werden. Einkreuzungen mit Laufenten wiederum wirken sich negativ auf die Flugtüchtigkeit aus. Dennoch können solche Tiere im Bereich menschlicher Siedlungen überleben. Dies gilt vor allem für Plätze mit künstlicher Fütterung. Im Winter halten sich hierzulande viele Tiere aus Nord- und Osteuropa auf, die als Strichvögel vor strengen Frösten geflohen sind. Auch die heimischen Enten ziehen in Kälteperioden nach Südwesten ab. Die Überwinterer befinden sich jetzt entweder noch auf dem Heimzug oder sind längst in die Brutgebiete zurückgekehrt.

Heckenbraunelle
(Prunella modularis)

Die Heckenbraunelle läßt sich nun viel eher entdecken als später im Jahr. Wie die Amsel ist aus dem einst scheuen Bewohner feuchter Bergwälder ein typischer Kulturfolger geworden, der mit den vom Menschen geprägten Lebensbedingungen gut zurechtkommt. Heckenbraunellen besiedeln heute nicht nur Waldränder, Schonungen und Gebüsche, sondern leben auch inmitten von Gärten und Parks. Das spatzengroße Männchen mit seinem bleigrauen Hals verrät sich um diese Zeit durch seinen melodiösen Gesang, der sogar an Wintertagen vorgetragen wird. Gern wird dazu die Spitze eines herausragenden Zweiges oder Astes aufgesucht. Mit etwas Glück kann man den Singvogel sogar am Futterhaus antreffen, wo mit Vorliebe Körnernahrung aufgepickt wird. Der Boden- und Gebüschbrüter ist gegen Ende des Monats bereits mit dem Nestbau beschäf-

tigt und entzieht sich dank seiner Tarnfärbung für den Rest der Saison in der dichten Belaubung meist unseren Blicken.

Die ersten Stockenten sitzen auf Eiern, hier im Baum.

TIP:

Die Belegung von Spechthöhlen kann jetzt kontrolliert werden. Achten Sie dabei nicht nur auf Spechte, sondern auch auf sonstige Höhlenbrüter wie Kleiber, Meisen oder Eulen.

Die besten Aussichten, die scheue Hekkenbraunelle zu sehen, bestehen in diesen Wochen.

Kiebitzküken bekommt man nur mit viel Glück zu Gesicht. Sie weisen eine optimale Tarnung auf und drücken sich bei Gefahr dicht an den Untergrund.

Hungrige Rabenkrähen im Nest auf einer Kiefer. Der intensivrote Sperrachen stellt für die Eltern das Fütterungssignal dar.

April

Auch dieser Monat bringt viel Neues, Bewegung und Begegnungen. Die meisten Überwinterer sind entweder schon fortgezogen oder verlassen uns im Laufe des Aprils. So nimmt auf Binnengewässern die Anzahl und das Artenspektrum der Wasservögel stark ab, einzig bei Knäk- und Löffelente steigen die Bestände noch an. Schwäne und Gänse ziehen von Gewässern und Niederungen allmählich nach Norden. Auf den Halligen in der Nordsee weiden immer noch riesige Schwärme von sibirischen Ringelgänsen. Austernfischer, Rot- und Grünschenkel, Wasserrallen, Weißstorch, Silbermöwen und andere Feuchtgebietsbewohner haben bereits ihre Brutreviere bezogen oder beginnen allmählich mit der Eiablage. Sperber sind eifrig mit dem Nestbau beschäftigt. Viele Kiebitze, Stockenten, Bläßhühner, Steinadler, Mäusebussarde und Habichte brüten. Bekassinen zeigen ihre spektakulären Balzflüge. Die letzten Kurzstrecken- und die meisten Langstreckenzieher erreichen ihre Brutorte. Im Laufe des Monats zu erwarten sind Kuckuck, Schilfrohrsänger, daneben Wendehals, Schwarzstorch, Weißstorch. Kraniche, Seeschwalben, Schafstelzen, Mehl- und Uferschwalben. Bei vielen Vogelarten registriert man einen ersten Höhepunkt der Sangestätigkeit. Allerorten werden Reviere besetzt, Nester gebaut und – speziell bei Standvögeln – sogar schon gebrütet. Mit Gelegen darf man rechnen bei Sperlingen, Meisen, Rotkehlchen, Baumläufern, Kleibern, Wacholderdrosseln, Dompfaff, Ammern, Staren und Spechten. Eher gegen Monatsende beginnen Klappergrasmücke, Rauchschwalbe, Nachtigall und Trauerschnäpper ihre Brutperiode. Frühbrüter wie Wasseramseln, Waldkäuze oder Fichtenkreuzschnäbel können flügge Junge führen. In den Bergen lassen sich gerade im April Weißrücken- und Dreizehenspechte beobachten. Noch immer rufen Rauhfuß- und Sperlingskauz. In Mittelgebirgs- und Bergwäldern balzen Hasel- und Auerhuhn. Hier und in Mooren beginnt auch die Gruppenbalz von Birkhühnern.

Bussarde sind auch Aasfresser, die Fallwild beseitigen. Hier hat der Greif einen toten Hasen gefunden.

Beobachtungsprojekt: Jagende Bussarde

Der Mäusebusssard zählt zu unseren häufigsten Taggreifen, der sich fast bei jedem Spaziergang in Feld und Flur beobachten läßt. Wo auch immer um diese Jahreszeit die Segler in warmen Aufwinden kreisen, ist die Chance groß, daß ein Brutplatz im Umkreis liegt. Im Nest aber können nach einer Brutzeit von 33–36 Tagen hungrige Junge warten. Die folgenden sechs Wochen steigt ihr Nahrungsbedarf von Tag zu Tag. Während der Brutphase und auch in den ersten Nestlingstagen fällt die Nahrungsbeschaffung allein dem Männchen zu, doch sobald bei den Küken die ersten Federn sprießen, gehen beide Elterntiere auf Jagd. 10 Stunden täglich sind sie auf Beutefang. Ganz obenan stehen dabei Mäuse.

Gejagt wird mit verschiedenen Techniken. Wer sich etwas Zeit nimmt, kann nun die einzelnen Varianten mit dem Fernglas beobachten. Am besten setzt man sich in der Nähe eines gesichteten Bussards hin und verfolgt das Geschehen. Die Beobachtung vom Auto aus ist ebenfalls empfehlenswert. Eine häufige Jagdstrategie besteht in der Luftjagd. Die Tiere kreisen hoch über dem Nahrungsrevier und mustern mit scharfen Augen den Boden. Sowie sie eine Wühlmaus entdecken, ziehen sie in schnellen Kreisen abwärts, um schließlich die letzten Meter im Sturzflug zurückzulegen. Erst knapp über dem Boden bremsen sie ab, um die Fänge voller Wucht ins Beutetier zu schlagen oder – beim Fehlgriff – ins Gras. Weniger spektakulär erscheint die Ansitzjagd. Sehr oft sieht man auf Zaunpfählen, Bäumen oder Telegrafenmasten wartende Bussarde. Aufmerksam beäugen sie die Umgebung, um sich dann möglichst geräuschlos zu Boden und Beute gleiten zu lassen. Eine dritte Methode mag dem perfekten Flugkünstler zwar schlecht zu Gesicht stehen, offeriert aber guten Jagderfolg. Bussarde wandern über den Boden oder sitzen auf einem Maulwurfshügel an. Ungeachtet ihrer langen Krallen bewegen sie sich dabei sehr geschickt und erdolchen manches Beutetier. Vor allem Maulwürfe und

TIP:

Bei Wattwanderungen nie Fernglas oder Spektiv vergessen. Unglaubliche Scharen von Wat- und Schwimmvögeln sind auf Futtersuche. Die beste Beobachtungszeit beginnt mit dem ablaufenden Wasser.

Rotkehlchen sind geschickte Flieger, die selbst im Unterholz noch manövrierfähig bleiben müssen.

TIP:

Ein besonders deutliches Zeichen für benachbarte Brutreviere ist der Gesangswettbewerb zwischen zwei oder drei Männchen.

Der gegenüberliegende Plan zeigt die (farbig gepunkteten) Singwarten dreier Rotkehlchen-Männchen. Die vermutete Reviergrenze wurde als Trennstrich eingetragen.

Hecken, Feldgehölze, Friedhöfe, Gärten und Parks. Deshalb ist es auch gar nicht so schwierig, dem Rotkehlchen einmal genauer nachzuforschen und seine Häufigkeit in einem ausgewählten Gebiet festzustellen. Die perlende Stimme des Männchens ist dabei unsere wichtigste Orientierungshilfe. Am frühen Morgen oder kurz vor der Abenddämmerung liegt der günstigste Zeitpunkt für einen Kontrollgang. Notwendig sind Skizzenblock, Bleistift und Fernglas. Vorher sollte man sich mit dem zarten Gesang des Insektenfressers vertraut gemacht haben.

In dem ausgewählten Beobachtungsgebiet gilt es, alle singenden Männchen aufzuspüren. Wo immer man einen Revierinhaber gefunden oder auch nur ein Rotkehlchen gesehen hat, werden auf einem Lageplan die Standorte eingezeichnet. Besonders informativ sind Beobachtungen von Streitigkeiten zwischen verschiedenen Männchen, da sie über eventuelle Grenzverläufe Auskunft geben. Auch sie werden in die Karte eingetragen. Wichtig sind außerdem belegte Nester. Wiederholt man diese Begehungen alle paar Tage, so ergibt sich im Laufe der Zeit ein ziemlich genauer Überblick über den aktuellen Brutpaarbestand. Wie groß die Reviere ausfallen, hängt dabei stark von der Qualität des Gebietes ab. In optimalen unterholzreichen Eichenwäldern findet man 2–3 Brutpaare auf einem Hektar Fläche, in ungünstigen Waldkiefernforsten benötigt ein Pärchen 10 ha und mehr Fläche. In Wäldern siedeln durchschnittlich 4 bis 7 Brutpaare pro 10 ha, in Gärten und Parks liegt die Siedlungsdichte meist darunter. Auch in Heckenzeilen wurden hohe Brutdichten gefunden, alle 500–1000 m ein Rotkehlchenpaar. Falls man eine einigermaßen maßstabsgerechte Karte zur Hand hat, kann man aus dem ermittelten Brutpaarbesatz die ungefähre Reviergröße berechnen und mit Literaturwerten vergleichen.

Wühlmäuse fallen auf diesen Überraschungsangriff herein.

Die normale Tagesration eines Bussards beträgt sieben Mäuse, im Jahr frißt ein Pärchen durchschnittlich 100 kg Nahrung. Bei 2–3 Jungen im Horst erhöht sich der Nahrungsbedarf um weitere 23 kg. In Wühlmäusen umgerechnet müßte ein Paar folglich über 6000 Wühlmäuse fangen – gute Chancen für menschliche Beobachter, wenigstens einige Male dabei zu sein.

Beobachtungsprojekt: Rotkehlchen-Reviere

Rotkehlchen lassen sich optisch leicht erkennen. Ihr Lied ähnelt keinem anderen Singvogel. Die Männchen singen früh im Jahr und – vor allem – viel. Hinzu kommt: Die zierlichen Sänger sind bei uns noch weit verbreitet. Insgesamt schätzen Experten den Rotkehlchen-Bestand für Deutschland auf 2–6 Millionen Brutvögel. Als Lebensraum bevorzugen die Tiere Wälder,

Die Vögel des Monats

Mäusebussard
(Buteo buteo)

Sein »Kiäääh« oder auch »Hiääh« ist in diesen Tagen nicht zu überhören. Der meist dunkelbraune, selten aber auch schwärzliche oder fast weiße Greif ist ein typischer Bewohner von Feldern und Wiesen. Zur Anlage eines Brutplatzes benötigt er außerdem aber auch Waldstücke, wobei er notfalls sogar mit Feldgehölzen vorlieb nimmt. Vor dem Laubaustrieb ist zwar die beste Zeit zur Horstsuche, doch allzuleicht fällt das trotzdem nicht. Zwar liegen Bussardnester immer am Rand der Waldungen, doch sie befinden sich sehr hoch in den Baumkronen und lassen sich deshalb oft nur nach mühevollem Suchen ausmachen, nicht zuletzt erschwert durch die Tatsache, daß ein Bussardrevier meist über 100 ha groß ist. Die Greife sind weitgehend horsttreu und benutzen einen guten Nistplatz über viele Jahre.

Bussarde erbeuten Beutetiere bis zur Größe eines Eichhörnchens, überwiegend aber Mäuse, vor allem Wühlmause. Daneben jagen Bussarde aber auch Frösche, Schlangen, Eidechsen, Maulwürfe, Regenwürmer und gelegentlich große Insekten. Im Winter

Ansitzjagd vom Grenzstein aus, eine erfolgsträchtige Variante für Bussarde.

fressen sie oft an Kadavern von Fallwild. Gesunde Hasen, einen Fasan oder Rebhühner hingegen vermag kein Bussard zu erlegen. Trotzdem werden die Tiere dessen von Jägern bezichtigt und deshalb verfolgt. Überfahrenes Wild und mäusereiche Straßenböschungen sind der Grund, warum sich speziell in der kalten Jahreszeit so viele Tiere entlang von Straßen konzentrieren. Harte und schneereiche Winter raffen dennoch bis zur Hälfte des Bestandes hin. Durch ausgelegte Kadaver kann man Bussarde an »Luderplätzen« verköstigen und so über die schlimmste Zeit hinweghelfen. Wie andere Greife auch zählen Bussarde zu den Teilziehern, die sich in ihrem Wanderverhalten nach der Witterung richten. Etwa die Hälfte der heimischen Tiere fliegt Richtung Süden. Die Lücken werden jedoch schnell von Zuzüglern aufgefüllt. Oft kommt es durch Wintergäste aus Nordeuropa sogar vorübergehend zu Massenansammlungen.

Rotkehlchen
(Erithacus rubecula)

Der zierliche Sänger steckt im April mitten im Brutgeschäft. An die Qualität des Nistortes werden dabei nur geringe Ansprüche gestellt. In der Regel befindet sich das unauffällige Nest am Boden. Es wird zwischen Wurzeln, unter Grasbüscheln, in Erdlöchern oder unter Holzstößen angelegt. Doch auch andere Nistorte werden akzeptiert. So sind Bruten in Geräteschuppen, Gießkannen oder Konservenbüchsen bekannt. Das Gelege hat 5–6 Eier und wird rund zwei Wochen bebrütet. Die Jungen entwickeln sich schnell, schon zwei Wochen nach dem Schlupf sind die Nestlinge flügge. Bereits wenige Tage vor dem normalen Ausflugtermin verlassen die fast fertig entwickelten Jungen bei drohender Lebensgefahr ihren Nistplatz mit einem Flattersprung – zuweilen die letzte Rettung vor Igel, Katze oder Steinmarder.

Bei plötzlichen Wintereinbrüchen verstummen auch eifrige Sänger wie das Rotkehlchen weitgehend.

Zaunkönig
(*Troglodytes troglodytes*)

Der agile Gebüschbewohner fällt jetzt vor allem durch seinen weittragenden Schmettergesang auf, der mit keinem anderen Vogellied zu verwechseln ist. Im April endet für das Männchen eine anstrengende Phase. Seit Mitte März haben Revierinhaber ein Kugelnest nach dem anderen gebaut. Bis zu zehn Stück wurden für ein Tier nachgewiesen. In eines dieser Nester versuchte unser zweitkleinster Singvogel dann das erste verpaarte Weibchen zu locken, das anschließend Eier legt und zu brüten anfängt. Unter guten Ernährungsbedingungen kümmert sich der Gatte nun nicht weiter darum, sondern hält nach dem nächsten Weibchen Ausschau, ein drittes kann ebenfalls folgen. Doch nur eine Brut hilft das Männchen aufziehen, die anderen Weibchen müssen die Jungen allein hochbringen.

lichkeit locken die Wiesen- und Feldbrüter den Eindringling damit von Nest und Jungen weg. Fachleute sprechen vom »Verleiten«. Ist der potentielle Feind dem simulierenden Kiebitz weit genug gefolgt, fliegt er plötzlich auf und davon. Ein Fuchs hätte hier nur das Nachsehen.

Das Zaunkönigmännchen und sein Kunstwerk, ein geflochtenes Kugelnest. Der nur scheinbar flügellahme Kiebitz leitet Feinde vom Nistplatz weg.

Kiebitz
(*Vanellus vanellus*)

Manche Kiebitze hatten schon im März ihre vier Eier gelegt und führen jetzt – nach knapp vier Wochen Brutzeit – Küken. Der schwarz-weiße Flugkünstler, der zur Balzzeit noch mit aufwendigen Flugmanövern auffiel und sich durch melodiöse Rufe bemerkbar machte, ist nun ausgesprochen heimlich geworden. Schon bei der geringsten Störung stehlen sich die Tiere aus dem Nestbereich.

Wer unabsichtlich ihren auf den Boden geduckten Jungen zu nahe kommt, erlebt ein eigenartiges Schauspiel. Die sonst so auf Abstand bedachten Vögel nähern sich Eindringlingen auf einmal unter den unglaublichsten Verrenkungen. Sie schleppen einen Flügel nach, fallen beim Laufen auf den Bauch und flattern hilflos auf der Stelle. Doch diese vorgeführte Hilflosigkeit ist nur ein Täuschungsmanöver. In Wirk-

Steinkauzpaare stecken nun mitten im Brutgeschäft. Die Geschlechter unterscheiden sich im Aussehen nicht.

TIP:

Friedhöfe sind oft Natur-oasen inmitten der Stadt. Ein frühmorgendlicher Spaziergang (unter Be-achtung des vielstimmigen Vogelkonzerts) lohnt in diesen Wochen.

Mai

Die letzten Durchzügler und Winter-gäste verlassen uns. Von den Nordsee-halligen ziehen die restlichen Trupps der Ringelgänse ab. Die riesigen Schwärme von Knutts und Alpen-strandläufern sind größtenteils ver-schwunden. Im Wattenmeer begegnet man noch Wasserläufern, Regenpfei-fern und Sanderlingen auf der Durch-reise. Die Nachzügler unter den Lang-streckenziehern treffen ein, etwa Gelb-spötter, Sumpfrohrsänger, Pirol, Wes-penbussard, Turteltaube und Mauer-segler. Auch die Seeschwalbenarten sind vollzählig. Die Vogelfelsen an der Küste beleben sich spürbar, die Brut-tätigkeit nimmt zu. Tordalk und Trot-tellummen legen ihre Eier auf die Fels-bänder, Papageientaucher sitzen brü-tend in ihren Erdhöhlen. In den Mö-wenkolonien auf den Nordseeinseln beginnt nun allerorten die Brut. Da-zwischen sitzen Austernfischer auf dem Gelege, oder führen Junge. Das Singvogelkonzert erreicht seinen Hö-hepunkt. Im Mai ist das Sängerspek-trum am größten. Der Gesang bildet mit zunehmender Belaubung die wich-tigste Bestimmungshilfe. Grauammer,

Grasmücken, Mehlschwalbe, Braun-kehlchen, Gartenrotschwanz, Neun-töter, Fitis, Feldschwirl, Sumpfrohr-sänger, Kuckuck und Distelfink legen Eier. Schleiereulen, Rauhfuß-, Stein- und Sperlingskauz beginnen mit der Brut, während Waldohreule und Uhu teilweise schon Junge füttern. Auch die Nachtigall, der Hänfling, Gold-ammer, Trauerschnäpper und Beutel-meise befinden sich im Brutgeschäft. An Seen nisten Haubentaucher, Sumpf- und Teichhühner. Stockenten und Bläßhühner betreuen Junge. Reb-hennen und Fasane legen ihr Dutzend Eier. Im Hochgebirge balzt das Alpen-schneehuhn, Steinadler füttern frisch geschlüpfte Küken. Die Jungen der Frühbrüter wie Wasseram-seln, Waldkauz, Grünfinken, Sing- und Wacholderdrosseln, außerdem die von Staren, Amseln, Zaunkönig und Kiebitzen sind vielfach flügge ge-worden, die Eltern können bereits mit der zweiten Brut beschäftigt sein. Die Gelege von Habicht, Turmfalken, Wei-hen, Sperber, Mäusebussard und ande-ren Taggreifen stehen entweder kurz vor dem Schlupf oder die Eltern haben bereits hungrige Mäuler zu stopfen.

	Brutvögel Westpark	7.5.1992
	Vogelart	Nistplatz
1	Blaumeise	Nistkasten Birnbaum
2	Trauerschnäpper	Nistkasten Kiefer
3	Buchfink	Rotbuche u. Kastanie
4	Zaunkönig	Efeu bei den Wildrosen
5	Bachstelze	Rückseite Schuppen
6	Zilpzalp	Wildkräutersaum
7	Rotkehlchen	alte Baumwurzeln
8	Hänfling	niedrige Kletterngruppe

Beobachtungsprojekt: Brutvogel-Kartierung

Der Mai ist die beste Zeit, um die Brutvögel eines bestimmten Gebietes zu erfassen. Eine derartige systemati-sche Untersuchung ist sehr aufschluß-reich, da sie uns genaue Kenntnisse über die Lebensmöglichkeiten in dem Beobachtungsgebiet vermittelt. Weil die Untersuchung längere Zeit in An-spruch nimmt, sollte für Hobbybeob-achter der Untersuchungsort nicht all-zuweit entfernt liegen. Optimal ist der eigene Garten, eine Grünanlage in der Nähe, der Friedhof oder eine Hecke am Ortsrand. Bei der Untersuchung gilt es, die Brutvögel möglichst voll-ständig zu dokumentieren. In die Er-fassung gehen deswegen alle Unter-suchungs- und Bestimmungsmethoden ein. Dazu gehören Nistkastenkontrol-len oder Fernglasstudien der Vögel in der Nähe möglicher Brutorte (Büsche, Bäume, Gebäude, Boden). Auch die Auswertung der Vogelstimmen in den Morgen- und Abendstunden hilft wei-ter. Welche Arten singen wo? Liegen konkrete Hinweise auf einen Brutort vor, wird dieser vorsichtig inspiziert. Jede Einzelbeobachtung bildet ein weiteres Stück in einem Puzzle, das sich über die Dauer von Wochen zu-sammenfügt. Alle gefundenen Brut-plätze werden anschließend in einen Lageplan eingetragen. Im kommenden Jahr können dann Vergleichsuntersu-chungen erfolgen.

Eine einfache Skizze reicht, um die Nist-plätze der Brutvögel eines bestimmten Gebietes auch räum-lich darzustellen.

Vogeluhr

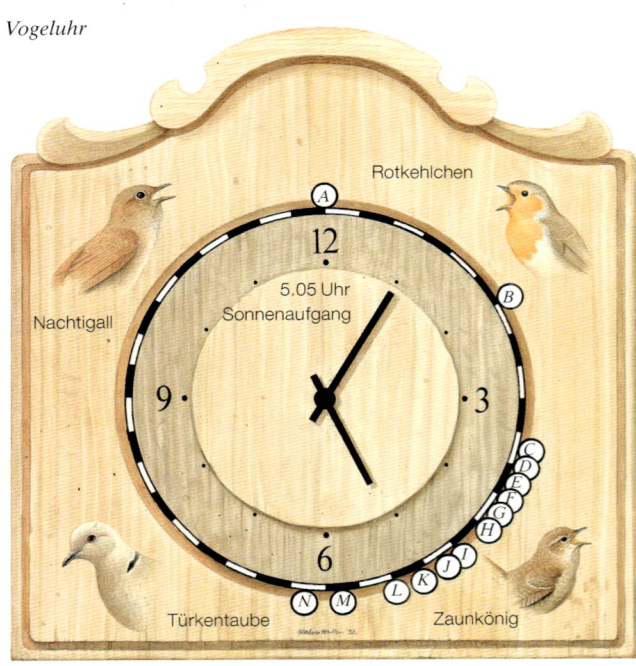

So könnte die Vogeluhr mit der Einsatzzeit der Sänger für den Monat Mai aussehen.

A	Kuckuck	0.00 Uhr
B	Ziegenmelker	2.00 Uhr
C	Feldlerche	3.30 Uhr
D	Ringeltaube	3.40 Uhr
E	Amsel	3.50 Uhr
F	Rotkehlchen	4.00 Uhr
G	Singdrossel	4.10 Uhr
H	Nachtigall und Kohlmeise	4.20 Uhr
I	Zaunkönig und Heckenbraunelle	4.40 Uhr
J	Buchfink und Türkentaube	4.50 Uhr
K	Grünfink	5.05 Uhr
L	Girlitz	5.20 Uhr
M	Star	5.50 Uhr
N	Bachstelze	6.10 Uhr

So könnte die Vogeluhr mit der Einsatzzeit der Sänger für den Monat Mai aussehen. Die Sonne ging um 5.05 Uhr auf.

Beobachtungsprojekt: Vogeluhr

Dieses Beobachtungsprojekt verlangt zwei Dinge von uns, nämlich einige Kenntnis der Vogelstimmen und frühes Aufstehen. Letzteres vor allem, weil die größte Gesangstätigkeit vieler Sänger in die frühen, ja nachtschlafenen Morgenstunden fällt; nicht wenige Arten stimmen ihre Lieder sogar noch vor Sonnenaufgang an, der im Mai zwischen 4.00 Uhr und 5.00 Uhr fällt. Wer um diese Zeit den Vogelstimmen schon einmal bewußt gelauscht hat, wird feststellen, daß das Konzert nicht auf einen Schlag einsetzt. Es beginnt mit bestimmten Arten, die sich hierbei grob an der Morgenhelle orientieren. Dabei kennt jede Art ihre ungefähre Einsatzzeit. Rotkehlchen starten ihre perlenden Strophen etwa eine Stunde vor Sonnenaufgang, der Buchfink beginnt meist zehn Minuten vorher, der

Grünfink fünf Minuten danach. Bei schlechtem, diesigem oder kaltem Wetter kann sich der Gesangesbeginn um eine halbe Stunde verspäten. Umgekehrt ertönen die Lieder an klaren oder warmen Tagen etwas früher. Weil die Sänger beim Morgenkonzert in etwa eine bestimmte Reihenfolge einhalten, darf man von einer »Vogeluhr« sprechen. Durch eine eigene Untersuchung kann man nun für seine Wohngegend diese Vogeluhr aufstellen. Wer auf Vollständigkeit Wert legt, sollte wenigstens eine Stunde vor Sonnenaufgang draußen sein. Vogelstimmen-Anfänger nehmen die unterschiedlichen Gesänge am besten zusätzlich auf Tonband auf und bestimmen die Arten später, Kennern reichen wenige Töne. Für jede Art muß die Uhrzeit notiert werden. Der Blick durchs Fernglas ist in jedem Fall empfehlenswert.

Beobachtungsprojekt: Balzkleider

Kurz vor und auch noch während der Brutzeit sind viele Vogelarten besonders bunt gefärbt. Jetzt lassen sich leicht charakteristische Unterschiede oder Gemeinsamkeiten zwischen Männchen und Weibchen ausmachen. Solche Vergleichs-Beobachtungen sind unser Ziel. Dadurch wächst nicht nur automatisch die Sicherheit beim Bestimmen, sondern auch die Chance, geschlechtsgebundene Verhaltensweisen deutlicher zu erkennen. Alle zufällig und systematisch gesammelten Ergebnisse sind dabei von Wert. Der intensive Vergleich der Geschlechter könnte später zu einer Einteilung in drei große Gruppen führen.

1. Nur bei wenigen Arten (Hühner, bestimmte Enten) bestehen sehr auffällige Unterschiede in der Gefiederfärbung.

2. Bei den meisten Singvögeln, vielen Watvögeln, Greifen und Eulen lassen sich Männchen und Weibchen nur

schwer oder gar nicht auseinanderhalten.

3. Es existiert darüberhinaus ein brei-
tes Feld von Mischformen, wo gering-
fügige Unterschiede in der Färbung
vorliegen und die Männchen in der Regel prachtvoller als die Weibchen aus-
schauen (Dompfaff, Pirol, Neuntöter,
Buntspecht, Rohrweihe, Kiebitz).

Die Vögel des Monats

Kuckuck
(Cuculus canorus)

Kuckucksweibchen haben nun Hoch-
saison. Sie stehen unter großem Zeit-
druck, denn ihre Eier können sie nur in
fremde Nester legen, solange die
Wirtsart selber noch bei der Eiablage
ist. Hat die Brut schon begonnen,
kommt der Schmarotzer zu spät. 120
Vogelarten wurden beim Kuckuck als
Wirtseltern nachgewiesen, wobei 20
Arten häufiger »belegt« werden. Zu
ihnen zählen Sumpf- und Teichrohrsänger, Rotkehlchen, Steinschmätzer,
Bachstelzen oder Rotschwänzchen.
Bei der Ablage seiner 8–11 Eier in
ebensoviele fremde Nester muß ein
Weibchen überaus umsichtig vorge-
hen. Kein einfaches Unterfangen,
denn der langschwänzige, oberseits
graublaue Vogel erreicht fast die Di-
mension einer Taube, wird also doppelt und dreifach so groß wie seine
Wirte. Der eigentlichen Eiablage, die
nur wenige Sekunden dauert, gehen
längere Beobachtungen und mehr-
fache Inspektionen des Wirtsnestes
voraus, schließlich muß das Kuckucksei zum optimalen Zeitpunkt plaziert
werden. Gelegentlich lenkt der männliche Kuckuck die Wirtseltern ab.
Die Stiefgeschwister des Jungkuckucks
haben keine Überlebenschance. Bereits am ersten Tag ist das vorzeitig
geschlüpfte Kuckuckskind in der Lage,
Eier oder notfalls auch seine Stiefgeschwister aus dem Nest zu hebeln. Sie

*Merkliche, doch
nicht stark ausge-
prägte Geschlechts-
unterschiede zeigen
das Federkleid von
Männchen (ganz
oben) und Weibchen
beim Pirol.*

*Die Geschlechter
beim Weißstorch
sind aufgrund der
Färbung nicht zu
unterscheiden.*

Das etwas größere Kuckucksei im Gelege des Teichrohrsängers fällt nur Menschenaugen auf. Wenige Stunden nach dem Schlupf hebelt der Jungkuckuck den letzten Konkurrenten aus dem Nest. Vier Wochen später ist das gefräßige Stiefkind viel zu klein für die Niststatt der Wirtseltern geworden.

TIP:

Beobachtungen an Schlammbänken und Ufern von Seen und Flüssen sind vielversprechend. Hier legen durchziehende Wasserläufer, Regenpfeifer und andere nordische Brutvögel Rast ein.

sind dann verloren. Der Kuckuck jedoch bekommt ab nun die ganze Aufmerksamkeit und das Futter. Fünf Wochen lang fordert seine Unersättlichkeit die Stiefeltern bis zum letzten. Erst danach gehen die Jungkuckucke ihre eigenen Wege. Daß die Wirts-

vögel dem Kuckuck nicht hilflos ausgeliefert sind, zeigt die geringe Überlebensrate von Kuckuckseiern. Nur aus jedem dritten bis sechsten gelegten Ei erwächst auch ein Kuckuck. Der Rest geht ein, denn so mancher Fall von Brutparasitismus wird vorzeitig entdeckt. Unter diesen Umständen verlassen die Wirte ihr Nest und bauen neu. Sie können über das Fremdei und das eigene Gelege auch einfach ein zweites Nest setzen oder – alternativ – das Kuckucksei aus dem Nest werfen. Der jetzt immer noch erschallende, monotone Kuckucksruf wird nur vom Männchen vorgetragen, das hierdurch paarungsbereite Weibchen anlockt. Die Weibchen selbst äußern nur wenig Laute – eine Anpassung an die klammheimliche Brutbiologie.

Neuntöter
(Lanius collurio)

Die Langstreckenzieher kehren oft erst zu Monatsanfang aus Ost- und Südafrika in ihre Brutgebiete zurück. Als Lebensraum wählen sie buschreiches Gelände, gern Feldhecken oder Schafweiden mit Dornengehölzen. Auch Waldränder werden besiedelt. Die Geschlechtsunterschiede sind groß: Weibchen bleiben unauffällig braungrau, die Männchen zeichnet ein aschgrauer Oberkopf mit dickem schwarzen Augenstreif aus. Ihr Rücken erscheint rotbraun, der Schwanz schwarz-weiß.

Neuntöter sind für ihre Eigenart bekannt, bei Nahrungsüberschuß ihre Beute auf Dornen zu spießen. Hierzu benutzen sie besonders gern Schlehendornen, nehmen neuerdings ersatzweise jedoch Stacheldrahtdornen an. Erdolchte Grillen, Heuschrecken, Käfer, aber auch Eidechsen kann ein aufmerksamer Spaziergänger finden, ein sicherer Nachweis für die Aktivität von Neuntötern. Gelegentlich läßt sich der Singvogel sogar bei der Jagd beobachten. Als typischer Wartenjäger sitzt er dabei auf einem herausstehenden Zweig an, um sich von da aus blitzschnell auf die Beute zu stürzen. Gelegentlich rütteln die Tiere nach Turmfalkenmanier im Flug.

Der Gesang des Männchens ist sehr variabel, er gleicht einem lauten Schwätzen, bei dem verschiedene Vogelarten imitiert werden. Noch im Mai, vielfach aber auch erst im Juni, werden 4–6 Eier gelegt. Nach 14 Tagen Brut und weiterer zwei Wochen Aufzuchtszeit verlassen die noch flugunfähigen Jungen das Nest. Sie hüpfen behende in der Zweigen umher, wo sie bis zur Selbstständigkeit gefüttert werden. Wie alle Würgerarten ist auch der Neuntöter im Bestand gefährdet. Hauptursache hierfür ist radikale Lebensraumzerstörung durch Flurbereinigung und Intensivlandwirtschaft.

Gelbspötter
(Hippolais icterina)

Gelbspötter haben eine weite Reise hinter sich, wenn sie hierzulande Anfang Mai aus den Winterquartieren im tropischen Afrika eintreffen. Gerade dreieinhalb Monate bleiben die grünlichgrauen, nicht einmal sperlingsgro-

ßen Singvögel bei uns. Im August beginnt für das Gros der Tiere der Rückzug. Im Tiefland ist der Gelbspötter ein regelmäßiger Brutgast, der aufgrund seiner versteckten Lebensweise dennoch meist übersehen wird. Als Brutplatz dienen dichte Gebüsche, wo das Nest in einer Höhe von 1–4 m über dem Boden fest in den Zweigen verflochten wird. Da die Weibchen den Männchen mit einer Woche Verspätung folgen und sich erst Partner und Brutgebiet suchen müssen, wird das Nest frühestens zum Monatsende fertiggestellt.

Am schnellsten entdeckt man diesen scheuen Vogel durch seinen Gesang, der zu den variantenreichsten im Vogelreich zählt. Während der Brutzeit singt das Männchen fast ganztägig. Gelbspötter singen laut wie Singdrosseln und wiederholen einzelne Elemente oft mehrfach hintereinander. Dennoch wirkt ihr Lied niemals eintönig, denn in das fortlaufende Schwätzen werden immer wieder Elemente anderer (auch exotischer) Vogelarten eingebaut.

Ein Neuntöter-Weibchen hat eine Maus auf Schlehendornen gespießt, eine Art Schlachtbank.

TIP:

Sehr schöne Erlebnisse bieten nun Nistkästen. Hier können Sie Fütterungen und das Ausfliegen der Jungen beobachten.

Scheue Buschbrüter wie den Gelbspötter ortet man am leichtesten über den Gesang.

Die eine lebenslange Einehe führenden Graugänse haben jetzt Gössel. Der Ganter schwimmt voran, gefolgt von Gans samt Kindern.

Juni

Es ist der Monat der Jungenaufzucht. Das verwirrende Konzert der Vogelstimmen läßt allmählich nach. Für manchen noch nicht so sattelfesten Hobbybeobachter bedeutet dies eine spürbare Erleichterung, kann er sich doch wieder auf weniger Arten konzentrieren. Sichtbeobachtungen fallen in vielen dichtbewachsenen Lebensräumen nun merklich schwerer, belaubte Zweige, Gräser und Kräuter verdecken die Vögel. Die Zugaktivität ist auf einem Minimum angelangt, höchstens bei Sumpfrohrsängern ist noch mit Spätheimkehren zu rechnen. Ansonsten steckt das Gros der Arten mitten im Brutgeschäft. Weißrücken- oder Dreizehenspecht, Pirol, Waldlaubsänger, Sommergoldhähnchen, Zilpzalp, Grasmücken, Sumpfrohrsänger, Stein- oder Rauhfußkauz, Uhu, Rohrdommel, Nacht- und Graureiher, Neuntöter, Mehl-, Rauch- und Uferschwalben und Sandregenpfeifer brüten oder haben Junge. Ebenso Gelbspötter und Turteltauben, Sumpfhuhn, Wasserralle, Höckerschwan, Garten-grasmücke, Birk-, Auer- und Rebhuhn. Anfang Juni beziehen Baumfalken Krähennester. Auch der Wespenbussard beginnt erst jetzt mit der Brut. Manche Arten nisten gegen Monatsende allerdings bereits zum zweitenmal, etwa Bachstelze, Teichhuhn, Wiesenpieper oder Türkentaube. Im Juni fliegen viele Junge aus und werden zumeist noch eine Zeitlang von den Eltern geführt, beispielsweise bei Schwarz-, Bunt- und Grünspecht, Sumpfohreule, Schleiereule, Wanderfalke oder Bartgeier. Jungvögel von Staren, Brachvögeln und Kiebitzen schließen sich zu großen Schwärmen zusammmen. Bei spätbrütenden Enten wie Schnatter-, Pfeif-, Tafel-, Spieß- und Knäkente, aber auch beim Gänsesäger sieht man jetzt Alttiere mit Kükenscharen auf dem Wasser. Auf Helgoland findet gegen Monatsende der »Lummensprung« statt, wenn die faustgroßen Trottellummenjunge im Alter von drei Wochen von den Brutfelsen ins Meer springen. Überhaupt bietet die Küste derzeit reichlich Beobachtungsmöglichkeiten von fütternden und Junge führenden Wat- und Wasservögeln.

TIP:

Immer wieder trifft man nun auf flügge, scheinbar verwaiste Jungvögel. Bitte in Ruhe lassen. Sie werden in aller Regel von den Eltern betreut.

Beobachtungsprojekt: Jungenaufzucht bei Küstenvögeln

Der Besucher an Nord- und Ostseeküste, auf den Inseln und Halligen erhält nun vielfache Gelegenheit zu eindrucksvollen Beobachtungen von Jungvögeln. Es genügen ein Fernglas oder ein Fernrohr, ein Bestimmungsbuch und etwas Geduld. Mit dieser Ausrüstung kann man leicht von Fahrstraßen, Fahrrad- und Gehwegen aus einen guten Überblick über die Vielfalt der Küstenvögel erhalten. Auch eine Strand- oder Wattwanderung unter diesem Aspekt lohnt immer. Sehr nah kommt man an die Vögel speziell bei geführten (!) Besichtigungen durch Schutzgebiete heran, die z. B. durch große Seevogel-Brutstätten angeboten werden. Auf einigen Nordseeinseln hat sich diese Tradition bestens bewährt. Auskünfte erteilen die Ver-

kehrsämter oder Umweltzentren. Doch auch anderswo spielt sich allerlei ab, beispielsweise in Salzwiesen, auf Feuchtweiden, auf den Vogelfelsen oder in den Dünen. Die größten Chancen hat der ruhige Beobachter, der die Tiere nicht durch hastige Bewegungen verschreckt. Zu Monatsanfang werden noch viele Beobachtungen von halbflüggen Jungen in Nestnähe möglich sein, während sich gegen Ende Juni der Beobachtungsschwerpunkt zu den Futterplätzen hin verschiebt. Wer sich nun für Verhaltensweisen wie Fütterungen, Feindvermeidung oder Nahrungserwerb der Küstenvögel interessiert, wird sich automatisch neben dem Aussehen der Altvögel auch das Jugendkleid der Jungen einprägen können und dadurch einen Informationsvorsprung für später haben. In wenigen Wochen sind die Jungen selbstständig und dann weitaus schwerer auseinanderzuhalten. Besonders dankbare Beobachtungsobjekte sind etwa Silber-, Lach-, Mantel-, Sturm-, Herings- und Dreizehenmöwe, Trottellumme, Küstenseeschwalbe, Austernfischer, Regenpfeifer, Rotschenkel, Uferschnepfen und Graugans.

Weil Silbermöwen zu den häufigen Küstenbewohnern zählen, lassen sich in den Brutgebieten und später am Strand solche Fütterszenen leicht beobachten.

Der sogenannte Lummensprung ist immer ein Risiko. Dann stürzen sich die faustgroßen Trottellummen von hohen Brutfelsen ins Meer. Nicht jedes Küken erreicht das Wasser. Dieses Junge hat das Wagnis noch vor sich.

Der Gesang von Dorngrasmücken wirkt immer etwas übereilt. Die Strophen sind relativ kurz und bestehen aus rauh schwätzenden, öfter wiederholten Elementen. Am Schluß kann ein fremder Vogelruf eingeflochten sein.

Beobachtungsprojekt: Vogelstimmen im Wald

Die Fülle der Stimmen im Wald läßt ab Monatsmitte merklich nach, denn während der Hauptbrutphase singen weniger Arten. Für Anfänger bietet sich deshalb die letzte Gelegenheit im Jahr, das Vogelkonzert eines ausgewählten Gebietes beurteilen zu können. Auch dient dieses Projekt der Wiederholung vorher erworbener Kenntnisse. Am besten sucht man sich eine günstig gelegene und leicht begehbare Stelle im Wald, etwa einen Wanderweg. Auch ein Stadtpark leistet gute Dienste. Der Waldtyp spielt insofern eine Rolle, als im Misch- und im reinen Laubwald eine größere Artenvielfalt zu erwarten ist als im Nadelwald. Anfänger bevorzugen deshalb vielleicht einen Fichtenforst, Fortgeschrittene einen Buchenmischwald. Am besten macht man sich anhand von Kassetten vor der Exkursion mit den wichtigsten Stimmen vertraut, die zu erwarten sind. Anfänger nehmen sich für das erste Mal zwei oder drei Arten vor, Fortgeschrittene ein halbes Dutzend und mehr. Leicht zu erkennen und zu unterscheiden sind die Stimmen von diesen recht häufigen Waldvögeln: Singdrossel, Buchfink, Kohl- und Tannenmeise, Zilpzalp, Waldlaubsänger und Amsel. Schwieriger sind schon Arten wie Zaunkönig, Sommergoldhähnchen, Mönchsgrasmücke, Rotkehlchen, Grün- und Buntspecht. Noch diffiziler wird es dann mit Grauschnäpper, Nachtigall, der Heckenbraunelle, Mittelspecht, Wintergoldhähnchen oder Gelbspötter.

Die günstigste Uhrzeit liegt in den frühen Morgenstunden oder in der Abenddämmerung. Entlang des Weges werden bekannte, ausgewählte Arten abgehört, unbekannte eventuell vor Ort mit Tonbandstimmen verglichen oder aufgezeichnet. Der Übersichtlichkeit (und späteren Nachprüfung) halber trägt man die Anzahl singender Männchen am besten in eine provisorische Karte ein. Mit zunehmender Sicherheit können dann weitere Arten hinzugenommen werden.

Die insektensuchende Gartengrasmücke im Schwarzen Holunder läßt sich nicht gern blicken. Relativ gute Beobachtungschancen bietet jedoch eine nicht zu breite Hecke.

Durch Gesänge vom Kassettenrekorder lassen sich auch einzelne Arten anlocken und beobachten, etwa Amsel, Buchfink, Zilpzalp, Fitislaubsänger, Waldlaubsänger, Zaunkönig, Rotkehlchen oder Mönchsgrasmücke.

Beobachtungsprojekt: Vögel in Hecken

Hecken erweisen sich gerade zur Sommerzeit als ideales Beobachtungsrevier. Sie sind leicht zugänglich und von weitem gut einzusehen. Außerdem bleiben sie übersichtlich und in ihrer Ausdehnung begrenzt. Die typischen Heckenbewohner in der Vogelwelt zeigen sich uns deshalb viel öfter als etwa ein Waldvogel, der ungleich mehr Versteckmöglichkeiten zur Verfügung hat. Aus diesen Gründen lohnt ein Heckenspaziergang mit Schwerpunkt Vögel. Optimale Orte sind typische Heckenlandschaften wie die »Knicks« in Norddeutschland, heckenreiche Mittelgebirge wie Rhön, Odenwald oder die fränkische Jura, außerdem die bis in Dörfer ziehenden Heckenzeilen in Eifel und Ardennen. Doch im Grunde bietet jeder Gang über Feld und Flur entlang einer Hecke bereits vielfältige Erlebnisse. Anders als im Wald kann man um diese Zeit auch mit dem Fernglas noch vieles entdecken, weitere Hinweise geben uns Vogelstimmen (hierfür morgens unterwegs sein).

Am besten geht man zur Beobachtung aufmerksam an der Hecke entlang. Vieles läßt sich schon aus einiger Entfernung betrachten; wie weit man sich nähern darf, ohne daß die Vögel wegfliegen, lehrt die Erfahrung. Sind Vögel aufgestiegen, auf jeden Fall den Landepunkt im Auge behalten und sich – vorsichtiger – ein zweites Mal annähern. In Hecken leben wenigstens 50 Vogelarten, sehr häufig z. B. Goldammer, Garten- und Dorngrasmücke. Brut- und Nahrungsgäste sind ferner Hänfling, Blaumeise oder Gelbspötter, Turmfalke, Habicht und Bussard. Mit etwas Glück stoßen wir auf Rebhühner, Fasane, Wachteln, Grünspecht, Neuntöter und Waldohreulen.

TIP:

In Hochlagen und Mooren beginnt jetzt erst die Brutzeit. Beobachtungen von Felsenschwalbe, Schneefinken, Steinschmätzer, Schwarzkehlchen, Berghänfling, Karmingimpel, Schneehuhn, Mauerläufer, Ringdrossel, Zitronengirlitz und Wasserpieper sind möglich.

Pirole führen ein heimliches Leben in Baumwipfeln. Hier bringt das Männchen einen frisch gefangenen Schillerfalter zum Nest.

Die Vögel des Monats

Pirol
(Oriolus oriolus)

Als Langstreckenzieher und Spätankömmling schlüpfen beim Pirol die Jungen erst um die Monatsmitte herum. Die kunstfertig verflochtenen Nester hängen hoch oben im Geäst von Auwäldern, lichten Mischwäldern und großen Parkanlagen. Pirole sind charakteristische Baumbewohner, die praktisch nie auf den Boden kommen. Als überaus wendige Flieger bewegen sie sich durch die Zweige, trinken von Blättern Tautropfen oder Regenwasser aus dem Flug. Die 3–5 Jungen werden noch bis zum fünften Tag vom Weibchen gewärmt. Anfangs über-

nimmt allein das Männchen die Futterbeschaffung, später fliegen beide Eltern nach Raupen und Fluginsekten aus, die geschickt im Baumkronenbereich erbeutet werden. Im Hochsommer ergänzen dann Wildbeeren den Speiseplan. So auffällig Pirole sind, so versteckt leben die Tiere während und nach der Brutzeit. Wäre nicht das leuchtendgelbe Prachtkleid des Männchens und der jetzt nur noch selten erklingende melodiöse Gesang »düdlio«, würde man auf die Tiere kaum aufmerksam.

Goldammer
(Emberiza citrinella)

Vor allem das Männchen ist nicht zu verkennen: Eine zitronengelbe Kopf- und Brustzeichnung verrät den fleißigen Sänger schon von weitem. Sein Lied »zizizizizizi – zidüüü« ertönt bis in den Hochsommer hinein. Das Weibchen erscheint unauffälliger gelblichgrün. Goldammern sind typische Heckenvögel, fast noch in jeder Heckenzeile zu Hause. Der auch noch im Sommer häufige Gesang wird von einer Warte (hervorragender Ast, Buschkrone) aus vorgetragen, eine günstige Eigenschaft für die Beobachtung. Dabei ist der typische Bodenvogel für das Leben auf Sträuchern gar nicht einmal gebaut. Die kurzbeinigen Goldammern können nicht mehr im Gezweig klettern, sondern hierauf nur noch sitzen. Die Hecke wird dennoch benötigt: Als Nahrungsrevier für die Vielzahl von Insekten, die im Sommer auf dem Speiseplan stehen. Darüber hinaus wachsen dort samentragende und körnerspendende Gräser und Stauden, der Futtervorrat für die kalte Jahreszeit. Nicht zu vergessen die Sichtschutzfunktion für den Nistplatz, der zwischen Kräutern und Halmen auf dem Bodenhorizont versteckt liegt. In diesen Tagen können Goldammern bereits mit der zweiten Brut beschäftigt sein.

Goldammern scheinen als Sänger unermüdlich zu sein! Sie tragen ihr immer gleiches Lied von frühmorgens bis spätabends vor.

TIP:

Kiesgruben sind häufige Goldammerreviere. Die deckungslosen, nur mit wenigen Büschen bestandenen Areale bieten den Vögeln und ihren Beobachtern optimale Bedingungen.

Mauersegler
(Apus apus)

Die schrillen Flugrufe von Mauerseglern ertönen nun über Dörfern und Städten. Die ursprünglichen Felsbrüter fanden in den künstlichen Felslandschaften der Großstädte optimale Lebensbedingungen. In Spalten und Nischen hoher Gebäude liegt der primitive Brutplatz, in dem zu Monatsanfang 2–3 Junge schlüpfen. Die Nestlingszeit währt mit 5–8 Wochen ungewöhnlich lange, dafür können flügge Junge aber bereits perfekt segeln und alleine Futter erjagen. Die Beute besteht aus fliegenden Insekten, die nicht nur über der Stadt, sondern auch weitab über Gewässern erhascht werden. Die Anpassung des Mauerseglers an das Flugleben geht soweit, daß die Tiere sogar in der Luft schlafen und vom Boden mit ihren kurzen Füßen nur noch schwer starten können.

Mauersegler kommen mit einer kleinen Nische im Gebäude aus. Von einem richtigen Nest kann bei diesem Felsbrüter allerdings keine Rede sein.

Diese sechs Jungstörche stehen kurz vor dem Ausfliegen. In wenigen Tagen werden sie ihre Geburtsstätte verlassen.

Juli

Die Brutsaison geht bei den meisten Arten zu Ende. Viele Vögel begeben sich jetzt in die Mauser, den Federwechsel. Sie verlieren ihre Prachtkleider und bekommen eine unscheinbarere Gefiederfärbung und Zeichnung, das Schlichtkleid. Für den Vogelbeobachter beginnt eine Zeit des Umlernens, viele der bislang typischen Artkennzeichen gelten nicht mehr. Verwechselungen sind ab nun leichter möglich. Hinzu kommen viele unausgefärbte Jungtiere, denen im Jugendkleid oft noch die typischen Merkmale ihrer Eltern fehlen. Während sich die weiblichen Tauchenten teilweise noch um den Nachwuchs kümmern, suchen die Männchen schon die Mausergebiete auf, wo sie ihre Schwungfedern verlieren. Auf Binnengewässern sieht man jetzt oft große Pulks. Schwimmenten wie die Stockente ziehen sich zur Mauser in ruhige Schilfareale der Seen

zurück. Auf Vogelschutzgebieten im Wattenmeer (Großer Knechtsand) mausern Tausende Brandenten. Da auch die Singvögel in der Mauserphase nicht sehr gut fliegen können, leben sie außerordentlich heimlich und zurückgezogen. Der Gesang setzt während dieser kritischen Zeit bei vielen Arten aus. Nur bei den Goldammern erreicht die Sangesaktivität ihren Jahreshöhepunkt. Die Männchen lassen sich jetzt unschwer auf Telegrafenmasten, Zäunen, Büschen oder Obstbäumen ausmachen. Höckerschwäne, Haubentaucher, Reiher-, Moor-, Krick- und Tafelente führen zum Teil schon recht große Junge. Das inzwischen hochgeschossene Schilf beherbergt oft noch brütende Zwergdommeln und Sumpfrohrsänger. Heckenbraunellen, Tannenmeisen, Bachstelzen, Sommergoldhähnchen, Klappergrasmücken, Feldschwirl, Schleiereulen, Misteldrosseln oder Hausrotschwänze pflegen teilweise noch eine zweite Brut, während die ersten Jungen von Steinkäuzen,

Korn- und Wiesenweihen gerade ausfliegen. Baumfalken und Nachtreiher versorgen noch Nestlinge. Flügge Graureiher wandern vom Brutort ab und fangen an zu vagabundieren. Überhaupt beginnt allmählich die Zugzeit. Bei Weißstörchen erwacht zu Monatsende der Wandertrieb, wie Kormorane bilden sie nun größere, unstete Trupps. Auch Mauersegler verlassen Ende Juli die Nistorte. Die Schwarmbildung läßt sich auch bei anderen Brutvögeln beobachten, die nun gemeinsam Rast- und Futterplätze anfliegen. Im Wattenmeer erscheinen mit Wasser- und Strandläufern erste Durchzügler aus dem hohen Norden. Im Hochgebirge fliegen im Laufe des Monats Steinadler aus. Tannenhäher des Bergwaldes sorgen für den Winter vor, indem sie Haselnüsse verstecken.

Beobachtungsprojekt: Federn suchen

Weil die Vögel in diesen Wochen ihr Prachtgefieder wechseln, sind gerade jetzt die Chancen gut, einige dekorative Federn zu finden. Doch davon unabhängig ist dies natürlich ein Dauerprojekt, denn Vogelfedern gibt es das ganze Jahr über. Wer mag, kann sich im Laufe der Zeit sogar eine kleine Sammlung zulegen. Am leichtesten findet man Federn jetzt an der Küste, etwa im Spülsaum oder an den Rastplätzen der Wasservögel. Ein aufmerksamer Spaziergang, und die mitgebrachte Plastiktüte ist gefüllt. Ebenfalls relativ einfach ist die Federsuche am Ufer von Seen und größeren Flüssen. Hier spült die Strömung immer wieder interessante Funde an. Schwieriger wird es hingegen in den anderen Lebensräumen, etwa im Wald. Da spielt natürlich auch der Zufall eine Rolle, denn nicht alle Federn sind so auffällig wie die Flügelfedern von Pirol oder Eichelhäher. Und nicht alle sind so groß wie die vom Schwanz einer

Die Fotos zeigen die schalldämpfende Zähnung der Flügelkante eines Uhus.

Die Illustration verdeutlicht vier Feder-Typen: Steuerfeder, Handschwinge, Deckfeder und Dune.

Das Ende dieser Wildentenfedern wurde abgebissen – ein Zeichen für den erfolgreichen Jagdverlauf eines hungrigen Marders.

TIP:

Wegen der dichten Belaubung fallen Sichtbeobachtungen im Wald schwer. Weichen Sie besser auf Wasserflächen aus, wo bereits erste Durchzügler zu erwarten sind.

Elster oder die Flugfedern des Seeadlers.

Während man bei so mancher Feder schon allein aufgrund ihrer markanten Färbung die Herkunft einigermaßen exakt bestimmen kann, ist dies bei unscheinbaren oder tarnfarbenen Fundstücken oft unmöglich. Braune oder graue Federn tragen Dutzende von Vögeln. Da hilft oft nur der Lebensraum weiter, in dem man die Feder gefunden hat. Einen regelrechten Glücksfall stellt hingegen die Rupfung eines Raubvogels oder der Riß eines Marders dar. Hierdurch erhält man zuweilen das gesamte Federspektrum der Vogelart. Sehr schön lassen sich Steuerfedern vom Schwanz und die ausgeprägten Handschwingen von den kürzeren Armschwingen auseinanderhalten. Des weiteren fallen Deckfedern aus der Gefiederoberfläche an sowie Dunen zur Erwärmung und Isolation der Haut. Bei vielen Arten besitzen die glatten Deckfedern im unteren Abschnitt zusätzlich feinverzweigte Dunen. Man nennt solche Federn dann Halbdunen. Auch ein Blick mit der Lupe lohnt. Erst en detail erkennt man, welches Kunstwerk eine Feder mit ihren Verästelungen darstellt. Mit bloßem Auge dagegen kann man die Federn der Handschwinge einer Eule von anderen Arten unterscheiden. Sie sind oberseits und am Rande zart gefranst. Dadurch wird der Luftwiderstand und damit auch der Schall gebrochen – Ursache für den geräuschlosen Eulenflug.

Beobachtungsprojekt: Rastplätze verschiedener Vogelarten

Noch vor dem großen Herbstzug verlassen viele Vögel in diesen Wochen ihre Brutgebiete und ziehen an Rastplätze, wo sich einzelne Arten in großen Mengen konzentrieren können. Oft handelt es sich vorwiegend um Jungtiere, teilweise aber auch um ausgewachsene Individuen. Vor allem die Ernährungsbedingungen fallen an den Rastplätzen wesentlich günstiger aus, zum Teil wandern die Tiere aber auch bereits in Richtung ihrer späteren Winterquartiere. Manche Arten wie Kiebitz und Stare bilden dabei große, auffällige Schwärme, andere wie etwa Graureiher zerstreuen sich vereinzelt

über das Land. An solchen Rastplätzen kann man über den ganzen Monat Beobachtungen machen. Abgeerntete Felder, Hecken, Wiesen, Bachufer, Seen, Flußmündungen, der Meeresstrand und natürlich das Wattenmeer sind beliebte Aufenthaltsorte und deshalb gute Beobachtungsplätze.

Wo sich welche Arten befinden, hängt natürlich von den Ernährungsgewohnheiten ab. Kiebitze beispielsweise konzentrieren sich auf abgeernteten Feldern, auf Grünland, an Flußmündungen und entlang der Küste. Jungkormorane ziehen an Flüssen und Seen entlang und wandern schwerpunktmäßig zur Küste. Stare suchen Grünland, Wildobstbäume und Obstgärten auf. Wacholderdrosseln fallen in Schwärmen in Vogelbeerbestände von Wäldern und Hecken ein. Misteldrosseln ziehen ab Monatsmitte in Pulks zur Beerenernte ins Hochgebirge, wandern bei reichem Wildfruchtangebot aber auch weit in Feld und Flur. Rabenkrähen bilden große Schwärme, die über Land fliegen. Graureiher orientieren sich an Bachläufen, Flüssen und Seen und halten sich daneben auf Feldern und Wiesen zum Mäuse- und Insektenfang auf. Mauersegler ja-

gen bevorzugt über Gewässern. Brachvögel bilden Nahrungstrupps im Wattenmeer. Möwen suchen bei Flut Futter am Spülsaum von Nord- und Ostsee oder fliegen bei Ebbe hinaus auf die Wattflächen. Lachmöwen dringen tief ins Binnenland ein, wo sie an Flüssen, in Häfen, Städten und auf Müllplätzen Nahrung suchen. Entenarten rasten an der Meeresküste oder auf Binnenseen.

Seevögel rasten im Windschatten der Dünen.

Nach der Brutzeit versammeln sich Silbermöwen und Lachmöwen in Häfen.

Brandgänse und Strandläufer am Meeresstrand.

Die Vögel des Monats

Kormoran
(Phalacrocorax carbo)

Nach einer ungewöhnlich langen Nestlingsdauer von 7 Wochen haben die ersten Jungkormorane vor kurzem ihre Nester verlassen. Doch richtig fliegen können die Unterwasserfischer erst mit vollen zwei Monaten. Im Alter von 12-13 Wochen, gegen Monatsende, werden sie ganz von den Eltern unabhängig. Doch schon vorher machen sie Ausflüge zu geeigneten Nahrungsplätzen. Kormorane kommen sowohl am

Salz- wie auch am Süßwasser zurecht. Deshalb besiedeln sie Brutorte von der Meeresküste bis zu fischreichen Flüssen und Seen im Binnenland. Ihr Hauptvorkommen liegt zur Zeit jedoch im Binnenland, wo man in den letzten Jahren eine Zunahme der Trupps und sogar Neuansiedlungen beobachtet. So liegt eine große Brutkolonie am Ismaninger Speichersee bei München, eine neue hat sich kürzlich am Ammersee gebildet. Außerhalb der Brutzeit vagabundieren Alte und Junge durch die Gegend und rasten an futterreichen Gewässern. Aufgrund ihrer Vorliebe für Fische sind die schwarzen, entengroßen Schwimmvögel bei Fischzüchtern und Teichbesitzern nicht sonderlich gern gesehen, zumal sie ungewöhnlich mobil sind und große Strecken zurücklegen: Bis zu 10 km weit fliegen sie allein in der Brutzeit zu den Fischgründen. Doch ob sie wirklich Schaden anrichten, ist umstritten. Noch nicht einmal die genaue Tagesration und die bevorzugten Fischarten kennt man. Auf dem Wasser sind die tiefschwimmenden Tiere mit keinem anderen Wasservogel zu verwechseln, strecken sie hierbei doch Hals und Kopf in charakteristischer Weise hoch. Anders als die meisten

Immer öfter verlassen Kormorane nun ihre Brutreviere und streifen zum Fischfang umher. Dieser hier trocknet gerade sein Gefieder.

Wasservogelarten besitzen Kormorane keine Bürzeldrüse, können also ihr Gefieder auch nicht einfetten. Das verbessert zwar ihre Tauchfähigkeit, bedingt aber, daß die Jäger bis auf die Haut naß werden. Deshalb trocknen sie ihre Federn nach Tauchgängen am Ufer und breiten dazu ihre Schwingen aus.

Brandgans
(Tadorna tadorna)

Die Brandgans oder auch Brandente ist ein typischer Küstenbewohner, der Nordsee und Ostsee in großen Mengen besiedelt. Zur Brutzeit suchen die Tiere in der Dünenregion nach geeigneten Höhlen von Kaninchen, die sie oft gemeinsam mit ihren Erbauern nutzen. Nach Beendigung des Fortpflanzungsgeschäftes ziehen die Eltern zu den seit Generationen überlieferten Mausergebieten. Hierzu zählt etwa der Große Knechtsand, eine Sandbank in der Nordsee zwischen Elbe und Wesermündung. Gemeinsam verlieren die Wasservögel dort ihre Schwungfedern und werden dadurch für gut dreieinhalb Wochen flugunfähig. Der erste Abzug der Brandenten ist zu Monatsende zu erwarten, doch auch im August und September finden sich dort immer noch mausernde Tiere ein.

Sumpfrohrsänger
(Acrocephalus palustris)

Einige Paare des Spätheimkehrers stecken sicherlich noch mitten im Brutgeschäft, vor allem dann, wenn sie durch Nesträuber ein Gelege verloren hatten. Das Nest wird im Pflanzendickicht entweder unmittelbar auf dem Boden angelegt oder zwischen hochstehende Halme (gern Brennesseln) geflochten. Andere Paare befinden sich um diese Zeit aber bereits mitten in der Mauser und leben versteckt in der Vegetation. Anders als der Name es vermuten läßt, sind die unscheinbar braunen Singvögel keine eigentlichen Sumpfbewohner. Als Lebensraum bevorzugen sie eher Brennesselfluren, dichte Gebüsche, wilde Gärten, Auwälder und sogar Getreidefelder. Während man zu Monatsanfang wenigstens von einzelnen Männchen noch den typischen knarrenden Gesang hören kann, verstummen die Männchen ungefähr ab Monatsmitte. Erst im kommenden Mai lassen sie wieder von sich hören.

Gegen Monatsmitte verstummt der knarrende Gesang des Sumpfrohrsängers für diese Saison.

*Weißstörche schlie-
ßen sich nun auf nah-
rungsreichen Wiesen-
gründen zu größeren
Trupps zusammen.
Gegen Monatsende
beginnt der Wegzug.*

August

Was Vogelstimmen angeht, ist das sicher der stillste Monat seit Anfang des
Jahres. Fast alle Sänger sind verstummt und befinden sich in der Mauser, in der sie sehr verborgen leben.
Allein an kühleren Tagen mit Früh-
herbststimmung ertönt der Herbstgesang von Zilpzalp und Fitis, Tannen-
und Kohlmeise. Selbst ein unermüdli-
cher Sänger wie der Zaunkönig ist nur
noch sporadisch zu hören. Die fortgeschrittene Mauser hat die Bestimmung
der Entenarten erschwert. Die Männchen der Tauchenten gleichen im
Schlichtkleid nun stark ihren Weibchen. Dadurch sind auch die Zugbewegungen schwer zu verfolgen, die jetzt
zahllose Wasservögel erfaßt haben. So
ist beispielsweise bei südlich ziehenden
Knäkenten auf Binnenseen in diesem
Monat mit einem Höhepunkt zu rechnen. Aus den Feuchtgebieten wandern
nun die letzten Watvögel ab. Brachvögel, Flußuferläufer, Rotschenkel,
Kiebitze und Uferschnepfen verlassen
ihre Brutbiotope. An der Küste verzeichnet man verstärkte Rast von
Strandläufern aus dem hohen Norden.
Bachstelzen schließen sich zu größeren
Schwärmen zusammen, die gemeinsam übernachten. Stare, Schwalben,
Kiebitze und Möwen bilden gleichfalls
an günstigen Futterstellen große
Ansammlungen. Spätbrüter wie der
Sumpfrohrsänger versorgen noch ihre
Jungen, danach mausern auch sie. Wenige, spät im Jahr nistende Wasservögel wie Haubentaucher und Reihere-
ente führen noch Nachwuchs. Auch
verschiedene Paare von Baumfalken
und Wespenbussarden pflegen ihre
Brut. Gegen Monatsende ziehen die
Wespenbussarde jedoch verstärkt ab.

Langstreckenflieger wie Neuntöter und Mauersegler brechen in die Winterquartiere auf, auch der Kuckuck gehört dazu. Einzeltiere vom Gelbspötter verlassen uns. In den Bergen nehmen die Schwärme von Misteldrosseln zu. Futtersuchende Schneehuhn-Familien sind gelegentlich zu beobachten. In Hecken, an Waldrändern, doch auch in Gärten und Parks fallen vor allem in den frühen Morgenstunden große Vogelscharen ein, die Wildbeeren plündern. Speziell Wacholderdrosseln, Klappergrasmücken, Grauschnäpper, Heckenbraunelle, Buntspecht, Elster, Rotkehlchen und Laubsänger ernten reifenden Traubenholunder. Auch Heckenkirschenbestände sind gut besucht, etwa von Mönchsgrasmücke, Gartengrasmücke und Amsel. Frühreife Vogelbeeren haben Besuch von Grünfinken, Haselhühnern, Waldschnepfen, Grün-

specht, Eichelhäher, Sumpfmeisen, Hausrotschwanz und Kleiber. An Stauden und Kräutern sieht man allenthalben körnerfressende Arten wie Distelfink, Goldammer und Gimpel.

Beobachtungsprojekt: Ökologische Nischen im Garten

Mit diesem Projekt soll eine Langzeitbeobachtung von Gartenvögeln starten. Es geht darum festzustellen, wo sich die Tiere für gewöhnlich aufhalten, wie sie sich verhalten und in welcher Beziehung sie zu ihrem Lebensraum stehen. Dafür werden alle Sichtbeobachtungen in der nächsten Zeit ausgewertet und die Daten gemäß der Aufgabenstellung festgehalten. Am besten legt man sich für dieses Projekt entsprechend der Verhältnisse im eigenen Garten eine Übersichtstabelle wie in der Skizze an. In dieses Schema werden alle verfügbaren Ergebnisse eingetragen. In die persönliche Beobachtung sollen dabei drei Hauptkriterien eingehen:

TIP:

An Klärteichen, Rieselfeldern und Seeufern kann man sehr schöne Beobachtungen von rastenden Watvögeln machen.

Die letzten Uferschnepfen wandern aus den Brutbiotopen ab. Viele ziehen zur Futtersuche ins Wattenmeer.

1. Die räumliche Ebene, auf welcher der Vogel angetroffen wurde. Dies kann beispielsweise der Boden sein, ein Baumstamm oder die Kronenregion der Gehölze.
2. Der Lebensraumtyp wird ebenso notiert, also Wiese, Teichufer, Hecke, Obstbäume, etc.
3. Wichtig ist schließlich noch die augenblickliche Aktivität der Art. Frißt das Individuum etwas? Wenn ja, was könnte das sein? Singt das Tier? Hat es dort ein Nest oder ruht es nur aus, usw. Wie lange man die Beobachtungen durchführt, hängt vom Spaß an der Sache ab. Da kein Zwang besteht, die Ergebnisse in einer bestimmten Zeit zu erheben, kann das Projekt unter Umständen sogar über mehrere Monate und Jahre durchlaufen. Jede Einzelbe-

TIP:

Lassen Sie einen Teil der Wiese bis über den Winter ungemäht stehen und locken so samenfressende Vögel an.

Die Grafik ist ein Beispiel für eine Beobachtungstabelle mit Angaben über die ökologische Einnischung.

obachtung zählt, wird uns dabei ein Stückchen mehr mit der Lebensweise der Gartenvögel vertraut machen. Dank der gesammelten Daten und eines geschärften Blickes kann man mit der Zeit die Eingliederung des Vogels in den Gesamtlebensraum Garten besser verstehen. Jede Art hat dort ihre bevorzugten Aufenthaltsorte, sucht auf bestimmte Weise ihr Futter und baut ihr Nest woanders. Nur auf den ersten Eindruck sind sich manche Arten sehr ähnlich. Wer näher hinschaut, wird sehen, daß jede Vogelart ihre »ökologische Nische« einnimmt, die sie von der Konkurrenz abgrenzt.

Beobachtungsprojekt: Samenfresser auf Brachflächen

Brachflächen findet man fast überall in der Landschaft. Wegraine, Bachufer, Bahnböschungen, verbuschende Wiesen, ungenutzte Flächen entlang von Straßen sind der Natur mehr oder weniger lang überlassen worden. Besonders häufig trifft man auf solches »Ödland« aber inmitten von Städten, etwa in Baugebieten oder Industriearealen. Neuerdings kommen auch stillgelegte Äcker hinzu. Der spontane Pflanzenwuchs auf Brachflächen lockt in diesem Monat viele Samen- und Körnerfresser herbei, die sich an den reifen Fruchtständen verköstigen. Wer sich ein wenig Zeit nimmt und sich an einem entsprechendem Ort postiert, könnte viele schöne Beobachtungen machen. Ein Fernglas (besser: Fernrohr) ist hilfreich, für Hobbyfotografen auch die Kamera mit Teleobjektiv. Besonderes Augenmerk sollte man auf Kratzdisteln legen, etwa in Baugebieten, an Ackerrändern oder Industriearealen. An ihren reifen Fruchtständen ist mit Distelfinken zu rechnen. Doch auch das Gemeine Mädesüß, ein Bewohner feuchter Standorte, ver-

dient unsere Beachtung. Es zählt zu den Futterpflanzen von Gimpeln. Ampferarten, Wegerich und Kanadische Goldrute, Begleiter von Bahndämmen und Straßenböschungen, sind für Samenfresser ebenfalls interessant. Auf brachliegenden Feldern kann man auf Grauammern treffen, mit Glück sogar auf Rebhuhn-Familien und Fasane. Die Sämereien verwilderter Weinberge gehören ins Territorium von Zaunammern; Wegränder und Hecken beherbergen körnerfressende Goldammern, Feldsperling, Girlitz und die für städtisches Ödland typische Haubenlerche. Gelegentlich fallen auf Brachflächen sogar ganze Schwärme von Samenfressern ein, etwa Hänflinge, Zeisige oder Grünfinken.

Für Fasane sind Brachflächen nicht nur Futterplätze, sondern auch lebenswichtige Rückzugsräume.

Eine typische Szene: Ein Distelfink bei der Samenernte auf einer Kratzdistel.

Die Vögel des Monats

Stieglitz
(Carduelis carduelis)

Stieglitze, auch Distelfinken genannt, zählen zur Schar der typischen Körnerfresser. Ihr dicker, kräftiger Schnabel ist dazu gebaut, Samen und Körner von Wildkräutern und Bäumen zu zerquetschen oder aufzumeißeln. Doch zunächst gilt es, an das begehrte Futter zu gelangen. Bei tiefsitzenden Samen wie etwa der Wilden Karde oder an Sonnenblumen muß der Vogel mit seinem Schnabel kräftig arbeiten, um den Samen packen zu können. Bei offen liegenden Samen wie etwa am Mädesüß oder beim Sauerampfer werden die Körner einfach herausgepickt. Auf Kräutern und Gräsern, die zu schwach sind, das eigene Körpergewicht zu tragen, setzt er – wie der Dompfaff – eine spezielle Erntetechnik ein. Im Flugsprung flattern die Vögel vom Boden aus zum Fruchtstand und picken die Samen heraus. In dieser Weise werden etwa Pusteblumen genutzt. Alles in allem bietet sich dem Stieglitz reiche Ernte. Er frißt die Samen von über 150 Pflanzenarten. Der Vogel mit der roten Gesichtsmaske ist dabei besonders

Gerade so unscheinbare Wildkräuter wie der Beifuß spielen für Körnerfresser eine überlebenswichtige Rolle, hier für ein Hänfling-Männchen.

auf unbewirtschaftetes Land angewiesen. Die Tiere bilden jetzt kleine oder größere Trupps, die Brachländereien durchstreifen. Bei der Nahrungssuche gelangen die dekorativen Vögel dabei sogar mitten in die Stadt. An optimalen Standorten halten sich vorübergehend mehrere hundert Tiere auf.

Hänfling
(Acanthis cannabina)

In diesen Wochen beginnen sich viele Finkenvögel zu Gruppen zusammenzuschließen und auf Futtersuche gemeinsam umherzustreifen. Unter günstigen Konditionen entstehen zuweilen sogar gemischte Gruppen aus mehreren Arten. Der Hänfling ist darin häufig enthalten. Er schwärmt nun über abgeerntete Felder und fällt auf Ackerunkrautbeständen und Brachländereien ein. Hier findet der Vegetarier alle Futterpflanzen, deren Samen um diese Zeit zur Ernte anstehen. Unter anderem fressen Hänflinge die Früchte von Disteln, Knöterich, Hirtentäschel und Gutem Heinrich. Auf dem Speiseplan des nicht einmal spatzengroßen Körnerfressers passen aber auch Ackerhahnenfuß, Feldbeifuß, Sternmiere oder Ackersenf. Auch die Samen des in Landwirtschaft und Gartenbau unbeliebten Vogelknöterichs vertilgen die Hänflingscharen und machen sich dadurch nützlich. Die jetzt in den Schwärmen anteilig stark vertretenen

Jungvögel sind nur schwierig von anderen Finkenarten wie dem Birkenzeisig zu unterscheiden. Speziell den Männchen fehlt der rote Scheitel und die rötlich angelaufene Brust des Brutkleides. Typisch sind allein die Flugrufe, ein kurzes »gigigi«.

Rebhuhn
(Perdix perdix)

Die Hühnervögel sind Siedler der offenen Agrarlandschaft, die jedoch mit vielen Hecken, Wegrainen, Büschen und Wildkräuterfluren durchsetzt sein müssen. Auf den heutigen, durch Flurbereinigung und Intensivlandwirtschaft ausgeräumten Agrarsteppen fehlen aber gerade solche Futter- und Rückzugsbiotope, der Hauptgrund für den allgemeinen Rebhuhnschwund der vergangenen Jahre. Im Hochsommer ist der Tisch noch reich gedeckt. Auf dem Speiseplan stehen für die Altvögel überwiegend Sämereien, während die Jungen die erste Lebensphase fast ausschließlich Insekten fressen. Anders als viele Vogelarten bleiben Rebhühner in den sogenannten »Ketten« als Familiengruppe über den ganzen Sommer und Winter zusammen. Erst mit der Paarungssaison im kommenden Frühjahr lösen sich diese Eltern-Geschwister-Verbände auf. Die Hühnervögel sind ausgezeichnete Läufer, die bei Gefahr oft zu Fuß flüchten oder sich in die Deckung drücken. Erst im letzten Moment starten die Tiere dann überraschend steil hoch. Auch die brütenden Weibchen verlassen sich zumeist auf ihre vorzügliche Tarnfärbung, die sie mit ihrer Umgebung verschmelzen läßt.

Uferschwalbe
(Riparia riparia)

Der Koloniebrüter an den Steilwänden von Flußufern, Sandgruben und Meeresküsten bildet unter günstigen Nahrungsbedingungen ziemlich große

Jagdschwärme. Über Rieselfeldern, Seen, Teichen und Schilfzonen kann man oft einige hundert, mit Glück sogar Tausende von Tieren antreffen. Gedrängt übernachten die Scharen dann im Röhricht, notfalls sogar auf Leitungsdrähten oder Dächern, wobei das Einschlafen von einem unaufhörlichen Gezwitscher begleitet wird. Doch solche Massenversammlungen stammen aus einem riesigen Einzugsgebiet und sollten nicht darüber hinwegtäuschen, daß die Tiere lokal zurückgegangen sind. Hauptgrund hierfür ist die Zerstörung der natürlichen Brutgelegenheiten durch die Kanalisierung der Flüsse. Und auch in ihrem Ersatzlebensraum, den Sand-, Kies- oder Tongruben, finden die Tiere oft unzureichende Bedingungen vor. Die Beeinträchtigung durch Baggerarbeiten ist groß, zudem werden viele Gruben wieder verfüllt.

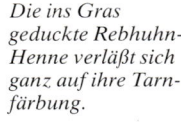

Die ins Gras geduckte Rebhuhn-Henne verläßt sich ganz auf ihre Tarnfärbung.

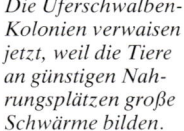

Die Uferschwalben-Kolonien verwaisen jetzt, weil die Tiere an günstigen Nahrungsplätzen große Schwärme bilden.

Die Flugmanöver der Watvögel im Wattenmeer sind von eindrucksvoller Präzision. Tausende Vögel schwenken wie auf geheimen Befehl zugleich um.

TIP:

Wasserflächen sind besonders vogelreich. Binnenseen, Flüsse und Staudeiche bieten exzellente Beobachtungen.

September

Der Vogelzug nimmt spürbar zu. Viele Langstreckenzieher wie Wendehals, Neuntöter, Kuckuck, Grauschnäpper, Weißstorch, dazu Gartengrasmücke, Mauersegler, Fitis und Waldlaubsänger brechen spätestens jetzt in die Winterquartiere auf. Auch der Abzug von Insektenfressern steht an, etwa von Bachstelze, Sumpfrohrsänger, Schafstelze, Braunkehlchen, Ufer-, Rauch- und Mehlschwalbe oder Steinschmätzer. Schwarzstörche ziehen nach Afrika. Fischadler, Mäusebussard und Rohrweihe wandern in manchen Gegenden bereits nach Süden oder Westen ab. In den Überwinterungsgebieten am Niederrhein, Norddeutscher Tiefebene und Holland treffen die ersten Saatgänse ein. Speziell an der Küste rasten nun riesige Vogelschwärme aus Nordamerika, Skandinavien und Osteuropa. Mit Massenansammlungen von Knutts, Strandläufern und Brachvögeln ist zu rechnen. Doch auch Uferschnepfen, Rot- und Grünschenkel und diverse Wasserläufer konzentrieren sich über Wochen zur Nahrungsversorgung im Watt. Möwenschwärme vagabundieren über Land. Aus Osteuropa fallen Lachmöwentrupps ein, während viele heimische Brüter Richtung Süden abziehen. Inseln und Halligen bieten besonders bei Schlechtwetterlagen Fluchtpunkte für Zugvögel. In den wenigen Büschen und Bäumen konzentrieren sich dann Unmengen Singvögel. Bei Westwindlagen erscheinen Hochseevögel (u. a. Sterntaucher, Sturmtaucher, Raubmöwen) an der Meeresküste. Wildstauden im Garten und auf verschiedenen Brachflächen sind Anziehungspunkte für körnersuchende Finkenvögel wie Gimpel, Stieglitz, Hänfling und Ammern. Taubenschwärme fallen auf abgeernteten

Beobachtungsprojekt: Welche Wildfrucht schmeckt am besten?

Im September reifen die meisten Wild-früchte an den heimischen Sträuchern. Sie sind in der Vogelwelt ungemein beliebt, weshalb in diesen und den kommenden Wochen ein reger Besuch zu erwarten ist. Doch nicht nur typi-sche Fruchtfresser wie etwa Amsel, Singdrossel oder Kernbeißer finden sich in Hecken und Büschen ein, son-dern auch klassische Insektenjäger stellen ihre Ernährung nun stark oder ganz auf Wildfrüchte um. Hierzu zäh-len etwa Garten-, Dorn-, Mönchs- und Klappergrasmücke. Doch selbst Kohl-

Äckern ein. Mistel- und Wacholder-drosseln besuchen Waldränder und Büsche. Überhaupt ist im Binnenland vor allem am frühen Morgen in Hek-ken, Grünanlagen und Gärten mit in-sekten- und beerensuchenden Durch-züglern zu rechnen, die ihre auf dem Nachtzug verbrauchten Energiereser-ven aufbessern. Da die Tiere nun ihr Schlichtkleid tragen und der Gesang größtenteils verstummt ist, sind spe-ziell Grasmücken und Laubsänger schwer zu bestimmen. Auch mit durch-ziehenden Entenarten wie Krick- und Knäkente gibt es Identifikationspro-bleme, während Stockenten erneut ihr farbiges Balzkleid anlegen. Allgemein nehmen die auf Gewässern rastenden Vogelarten zu. Kormorane wandern verstärkt. In den Bergen hört man die lauten Rufe von Kolkraben, auch Steinadler und Alpenkrähen lassen sich sehen. Tannenhäher tragen Nüsse und Samen in Winterverstecke.

Die Früchte der hei-mischen Vogelbeere und des Gemeinen Wacholders stehen in der Hitparade der Wildsträucher ganz oben. Sie versorgen 63 beziehungsweise 43 Vogelarten.

Blaue Schlehen (links oben), rote Hundsrosen-Hagebutten (rechts oben) und Weißdornfrüchte (links unten) sowie die Beeren des Gemeinen Kreuzdorns (rechts unten) besitzen einen hohen ökologischen Wert für Vögel.

TIP:

Achten Sie auf Eichelhäher! Sie beginnen, Haselnüsse, Bucheckern und Eicheln für den Winter zu verstecken.

meisen verzehren immerhin noch die Früchte von 23 Wildsträuchern. Allerdings existieren nicht nur Fruchtliebhaber. Bestimmte Arten wie etwa Zeisige, Bachstelzen, Schwanzmeisen oder Wintergoldhähnchen wird man so gut wie nie als Fruchtfresser beobachten können.

In diesem Beobachtungsprojekt geht es darum, die Attraktivität heimischer Straucharten für die Vogelwelt zu bestimmen. Dies kann mit zwei verschiedenen Methoden geschehen. Entweder über zufällige Beobachtungen an einzelnen Sträuchern oder Naturhekken, wo immer Sie sich auch gerade befinden. Die zweite Möglichkeit besteht darin, einen bestimmten Ort systematisch zu beobachten. Hierzu eignet sich beispielsweise eine Wildsträucherhecke im Garten, in Grünanlagen oder in der freien Landschaft. Suchen Sie einen übersichtlichen Platz und lassen sich eine halbe Stunde oder Stunde Zeit. Die besten Erfolgschancen haben Sie frühmorgens, dann ist der Hunger bei den Vögeln am größten. Wann immer ein Vogel in einem fruchttragenden Strauch gesichtet wird, stellen Sie fest, um welche Art es sich handelt und ob die Früchte tatsächlich gefressen werden. Oft hilft hier nur ein Fernglas, besser das Fernrohr. Natürlich müssen Sie auch die Sträucherart selbst bestimmen. So können Sie im Laufe der Zeit die Beliebtheit der heimischen Sträucher ermitteln und bei genügend Daten eine eigene »Hitparade der Vogel-

Hitparade der heimischen Vogelsträucher		
Platz	**Wildstrauch**	**Artenzahl**
1	Vogelbeere (Sorbus aucuparia)	63
2	Schwarzer Holunder (Sambucus nigra)	62
3	Traubenholunder (Sambucus racemosa)	47
4	Gemeiner Wacholder (Juniperus communis)	43
5	Waldhimbeere (Rubus idaeus)	39
6	Faulbaum (Rhamnus frangula)	36
7	Wilde Rote Johannisbeere (Ribes rubrum)	34
8	Eingriffeliger oder Zweigriffeliger Weißdorn	
	(Crataegus monogyna / oxyacantha)	32
	Wildbrombeere (Rubus spec.)	32
9	Wildrosen (Rosa spec.)	27
11	Europ. Pfaffenhütchen (Euonymus europaeus)	24
	Gemeine Eibe (Taxus baccata)	24
	Gemeine Traubenkirsche (Prunus padus)	24
	Roter Hartriegel (Cornus sanguinea)	24
12	Gewöhnlicher Schneeball (Viburnum opulus)	22
13	Gemeiner Liguster (Ligustrum vulgare)	21
14	Schlehe (Prunus spinosa)	20
15	Gemeine Berberitze (Berberis vulgaris)	19
	Kreuzdorn (Rhamnus catharticus)	19
16	Sanddorn (Hippophae rhamnoides)	16
17	Kornelkirsche (Cornus mas)	15
	Wolliger Schneeball (Viburnum lantana)	15
18	Wilde Stachelbeere (Ribes uva-crispa)	14
19	Haselnuß (Corylus avellana)	10
20	Rote Heckenkirsche (Lonicera xylosteum)	8
21	Wilde Schwarze Johannisbeere (Ribes nigrum)	3
	Weiden (Salix spec.)	3

sträucher« für ihre Gegend aufstellen. Sie werden sehen, daß nicht jeder Wildstrauch sich gleicher Beliebtheit erfreut. Manche Sträucherfrüchte scheinen überaus attraktiv, andere hängen ewig unberührt am Strauch. Zu den sehr schnell abgeräumten Fruchtsträuchern zählen etwa die Holunderarten oder Vogelbeeren. Auch heimische Weißdornbüsche sind ziemlich schnell kahl. Doch daß eine Frucht nicht sofort gefressen wird, bedeutet nicht, daß sie völlig verschmäht wird. Einzelne Wildsträucherfrüchte werden erst später im Jahr angenommen, wenn der Hunger größer und das Fruchtangebot kleiner geworden ist. Hierzu gehört beispielsweise der Gemeine Schneeball. Auch die Beeren von

Sanddorn und Liguster bleiben oft lange am Strauch hängen. Sie bilden einen Wintervorrat für die Vogelwelt, eine Art »Überlebensversicherung« für schlechte Zeiten. Außer der Beliebtheit der Sträucher kann man die Beobachtungsergebnisse auch noch nach Vogelarten auswerten. Wer genügend Daten über die einzelnen Vogelarten sammeln konnte, hat die Möglichkeit, eine Liste mit den bevorzugten Nahrungssträuchern aufzustellen. Welche Wildsträucherfrüchte werden von Amseln gefressen, welche von Rotkehlchen, von Grünfinken, usw? Diese Beobachtung läßt sich bis in den Winter hinein durchführen – solange wie Früchte an den Wildsträuchern hängen.

In die Hitparade der von Vögeln am liebsten gefressenen Wildsträucher-Früchte gehören natürlich auch die Beeren des Schwarzen Holunders (oben), die glasig-orangenen Früchte vom Sanddorn (Mitte) und die hübschen, feuerroten Beeren der Gemeinen Berberitze (unten).

95

Die Vögel des Monats

Knutt
(Calidris canutus)

Der Watvogel tritt um diese Jahreszeit im Wattenmeer und an der Nordseeküste immer in ungeheuren Mengen auf. Die Flugmanöver der riesigen Schwärme liefern uns eindrucksvolle Schauspiele. Ein einziger Knuttschwarm kann Zehntausende Individuen umfassen, die alle im gleichen Moment auffliegen, wenden, sich zu Figuren verdichten oder wieder auseinanderstreben. Der Massenvogel hat bereits eine Reise von einigen tausend Kilometern hinter sich, je nachdem, ob die Tiere aus Alaska, von Island oder aus Sibirien stammen. Dort brüten Knutts in der Flechten- und Steintundra nördlich der Baumgrenze.

Der gerade drosselgroße Schnepfenvogel trägt nun schon das unauffällige Schlichtkleid. Es ist graubraun, oberseits etwas dunkler, am Bauch heller. Der Schnabel des Knutts ist länger als der vom Kiebitz- oder Sandregenpfeifer, aber kürzer als der von Rotschenkel, Austernfischer, Pfuhlschnepfe und Brachvogel. Mit ihrem geraden, stumpfen Schnabel stochern die Tiere nun im Wattboden nach Würmern

Außerhalb der Fortpflanzungszeit ist der Knutt schwer von anderen Gästen am Wattenmeer zu unterscheiden. Die Vögel überwintern an den europäischen Meeresküsten.

und Weichtieren. Gern eilen sie bei beginnender Ebbe direkt dem ablaufenden Hochwasser hinterher, da dieses ihnen die reichhaltigste Nahrung bietet.

Mönchsgrasmücke
(Sylvia atricapilla)

Für einen Weitstreckenzieher, der teilweise südlich der Sahara überwintert, starten Mönchsgrasmücken erst vergleichsweise spät im Jahr. Während die meisten anderen Afrikaflieger schon abziehen, bleiben viele Mönchsgrasmücken noch hierzulande. Teilweise gehören sie zu den Kurzstreckenziehern, die erst später starten. Die Anwesenheit hat sicherlich mit der optimalen Ernährungslage zu tun, der Tisch ist im September reich gedeckt. Wie zahlreiche Insektenfresser und speziell die Grasmücken stellen Mönchsgrasmücken ihren Ernährungsplan jetzt stark auf vegetarische Anteile um. Sie fressen fast überwiegend Beeren. 42 Früchte heimischer Wildsträucher stehen auf ihrer Futterliste. Wer die begabten Sänger anlocken möchte, kann dies mit folgenden Arten tun: Vogelbeere, Echte Felsenbirne, Schlehe, Europäisches Pfaffenhütchen, Gemeiner Kreuzdorn, Faulbaum, Kornelkirsche, Roter Hartriegel, Roter und Schwarzer Holunder, Wolliger und Gemeiner Schneeball und Rote Heckenkirsche.

Ringeltaube
(Columba palumbus)

Auch die Ringeltaube sieht man jetzt gelegentlich beim Plündern von Wildbeerenbeständen. Immerhin 23 Früchte heimischer Sträucher sind bei ihr begehrt, darunter Weißdorn, Gemeine Berberitzen, Schlehen, Efeu und Vogelkirsche. Viel typischer aber sind Ringeltaubenschwärme, die nun – oft gemischt mit anderen Taubenarten – Stoppelfelder nach Körnern absuchen.

Vor allem frühmorgens geht die Ringeltaube diesem Nahrungserwerb nach. Unsere größte heimische Taube mit den kennzeichnenden weißen Halsflecken ist zwar von Natur aus ein Waldbewohner, begann aber vor ungefähr 150 Jahren, die Stadt zu erobern.

Besonders in Parks und Grünanlagen in der Tiefebene sieht man Ringeltauben inzwischen recht häufig. Eine Neuerung für den »Stadtvogel« Ringeltaube stellen auch Gebäudebruten dar, denn ursprünglich war die Art ein reiner Baumbrüter.

Als saisonale Fruchtfresser stärken sich Mönchsgrasmücken auf dem Zug in den Süden sogar an Feigen.

Eine Art im Wandel: Ringeltauben besiedeln zunehmend Städte und Dörfer. Der Waldvogel wird zum Städter.

Im Oktober versammeln sich Mehlschwalben zu größeren Schwärmen, die dann gemeinsam gen Süden ziehen. Stromleitungen sind beliebte Sitzplätze.

TIP:

Streuobstwiesen bieten gute Beobachtungsbedingungen. Reifes Obst und Insektenfülle locken viele Vögel herbei.

Oktober

Es ist der Monat des Vogelzugs. Die letzten Langstreckenzieher verlassen uns. Doch auch der Durchflug von Kurz- und Mittelstreckenwanderern erreicht in diesen Wochen seinen Höhepunkt. Über Nord- und Mitteldeutschland machen Kraniche mit lauten Trompetenrufen auf sich aufmerksam. Auch die Singvögel fliegen nun in Scharen. Tagzieher wie Sing- und Rotdrosseln lassen sich sehen, ebenso sind am Himmel Feldlerchen, Meisenarten, Stare, Pieper und Buchfinken zu beobachten. In lockeren Schwärmen bewegen sich Ringeltauben südwestwärts. Nachts weisen Vogelstimmen ebenfalls auf Zugbewegungen hin. Frühmorgens fallen viele Durchzügler in Gärten und Grünanlagen ein, um Beeren und Insekten zu fressen. Besonders attraktiv sind nun Heckenlandschaften und Streuobstwiesen mit ihrem reichen Futterangebot. Während der Durch-

zug im Binnenland weniger spektakulär verläuft, wird er an der Küste um so deutlicher. Riesige Vogelschwärme orientieren sich an der Küstenlinie oder fliegen Inseln und Halligen als Rastplatz an. Im Watt konzentrieren sich immer noch eindrucksvolle Mengen nordischer und osteuropäischer Watvögel auf dem Durchzug, etwa Sanderlinge, Knutts, Alpenstrandläufer und Brachvögel. Heimische Brachvögel überwintern dort. An der Küste erspäht man vereinzelt Baßtöpel und Raubmöwen. Kiebitze bevölkern das Grünland der Küstenregion, Flußmündungen und die Norddeutsche Tiefebene. Ringel-, Saatgänse und Zwergschwäne aus Nord- und Osteuropa treffen in ihren Überwinterungsgebieten an der Küste ein. Auf Gewässern nehmen durchziehende Kormorane, Löffel-, Krick-, Pfeif- und Spießenten zu. Aus Osteuropa kommen verstärkt Dohlen, Saatkrähen und Lachmöwen und wandern teilweise bis in die Städte. Viele Wasservögel wie das

Bläßhuhn, Höckerschwan und Stockenten wechseln nun auf Gewässer, wo sie gefüttert werden. Bei sonniger Witterung lebt der Gesang von Heckenbraunelle, Zilpzalp, Zaunkönig, Hausrotschwanz und Rotkehlchen wieder auf (Herbstgesang). Bachstelzen, Wacholderdrosseln, Stare, Hänflinge, Zeisige, Meisen und Finken fliegen nun in kleineren oder größeren Trupps.

Beobachtungsprojekt: Vogelzug

Im Monat Oktober lohnt eine Reise an die Küste. Nirgendwo sonst lassen sich Zugvögel so schön beobachten. Nicht nur, daß die tagsüber fliegenden Singvogelschwärme über der Weite des Landes und dem offenen Meer eher auffallen als im Binnenland. Vielmehr kann man Zugvögel vor Ort sogar ganz aus der Nähe beobachten (fotografieren), oft sogar Arten, die man sonst nie so vor die Kamera bekäme. Die günstigsten Beobachtungen liegen hierbei auf den der Küste vorgelagerten Inseln und Halligen, die von vielen Tag- und Nachtfliegern als Ruhepunkt und zur Nahrungsaufnahme aufgesucht werden. Nach manchen Nächten sind dann bestimmte Plätze voller Vögel. Tagaktive Sumpfohreulen aus Skandinavien lassen sich sehr schön über den Wiesen beobachten. An Stränden entdeckt man futtersammelnde Wiesenpieper. Die wenigen Büsche und Bäume können kaum die Massen von Finken und Goldhähnchen aufnehmen, auf dem Grünland scharen sich Drosseln. In der nächsten Nacht ziehen viele Arten dann weiter. Besonders attraktiv für südwestwärts orientierte Arten liegt die Insel Helgoland. Auf der Buntsandsteinklippe strömen jeden Herbst unzählige Vogelscharen zusammen, die im kümmerlichen Buschwerk zum Teil sogar mitten im Ort Zuflucht vor Wind und Sturm su-

chen und Süßwasser trinken. Allein auf Helgoland wurden über 360 Vogelarten nachgewiesen, die meisten von ihnen Durchzügler. Wer keine Gelegenheit zu einer Reise nach Norddeutschland hat, kann das Beobachtungsprojekt auch zu Hause durchführen. Dazu wird der Zu- und Abzug wichtiger Vogelarten in den folgenden Wochen und Monaten aus der eigenen Region notiert. Wer will, kann darüberhinaus noch Beobachtungen von Durchzüglern mit aufnehmen. Wichtig ist immer die Letzt- und Erstbeobach-

Eine Vogelwanderung im Wattenmeer verspricht im Oktober zahlreiche Erlebnisse. Im Hauptmonat des Vogelzugs konzentrieren sich hier Millionen Tiere.

Besonders beliebte Anflug- und deshalb auch Ausflugsziele sind die Halligen und Inseln von Nord- und Ostsee.

Außerhalb der Brutzeit streifen Kormorane oft weit umher. Sie erschließen sich so auch neue Brutorte, wie aktuelle Ansiedlungen beweisen.

Störche sind kraftsparende Segelflieger, die sich von Aufwinden spiralig hochtragen lassen, um dann lange Strecken gerade zu segeln. Aus diesem Grund ziehen sie nie weit über das Meer, sondern benutzen den Landweg.

In der Zugzeit tauchen Sanderlinge als typische Schwarmvögel selten alleine auf.

Weltreisende unter Zugzwang

Die alljährlichen Zugbewegungen im Herbst und im Frühjahr werden durch klimatische Einflüsse verursacht. Die Schnee und Eismassen in Nord- und Osteuropa vertreiben die Vögel aus ihren Brutgebieten. Doch auch in unserem wintermilden, mitteleuropäischen Klima wird in der kalten Jahreszeit die Insektennahrung knapp, so daß Insektenfresser wie Nachtigall, Pirol oder Kuckuck verhungern würden. Umgekehrt herrschen in den Sommermonaten im hohen Norden für arktische Brüter im allgemeinen und für Insektenfresser in unseren gemäßigten Breiten im besonderen außerordentlich günstige Brutbedingungen mit üppigem Futterangebot. Im Süden wäre es dann oft zu heiß und trocken, also sehr ungünstige Ernährungsbedingungen. Folglich verbringen Zugvögel die kalte Jahresperiode in Süd- und Westeuropa, am Mittelmeer oder in Afrika, die warme im Norden. Dazwischen liegen kurze, mittlere oder sehr lange Reiserouten. Bachstelzen fliegen 500–800 km, Stare 1400 km, Singdrosseln 3000 km. Ringelgänse legen eine Strecke bis 4000 km im Nonstop-Flug zurück. Klappergrasmücken und Kraniche ziehen 6000 km weit, Rauchschwalben 10 000 km und Küstenseeschwalben bis 20 000 km zum Winterquartier. Bei sehr großen Distanzen (Afrika südlich der Sahara) müssen die Tiere schon kurz nach der Brut aufbrechen. Sie kommen auch erst spät im Frühjahr zurück. Solche Langstreckenzieher sind etwa Weißstorch, Gartengrasmücke oder Neuntöter. Anders Kurzstreckenzieher wie Bachstelze, Zilpzalp, Hausrotschwanz oder Hänfling, die in Westeuropa oder im Mittelmeerraum überwintern. Solche Arten starten später ins Winterquartier und sind auch früher zurück. Sie richten sich dabei stark nach der Witterung. In warmen Wintern ziehen sie erst verspätet weg, während sie in Frostperioden schon vorzeitig wegfliegen. Da oft nur ein Teil einer Vogelart abzieht, bezeichnet man diese Arten auch als Teilzieher. So wie viele heimische Brutvögel nach Süden abwandern, kommen Wintergäste zu uns. Bergfinken, Birkenzeisige, Wacholderdrosseln, Lachmöwen, Bläßhühner, Saatkrähen und Dohlen, aber auch Bussarde finden hierzulande wesentlich bessere Winterbedingungen vor als in ihrer Brutheimat in Skandinavien oder Osteuropa. Als letzte Gruppe wären die Standvögel zu erwähnen, die ganzjährig hierbleiben, beispielsweise Blaumeisen, Amseln, Grünfinken, Haussperlinge, Zaunkönig, Eichelhäher und Elster. Wie man inzwischen weiß, sind die Übergänge zwischen Lang- und Kurzstreckenziehern und den Standvögeln fließend.

TIP:

Vor dem Schlafengehen nach Flugrufen von nächtlichen Zugvögeln horchen. Gut zu erkennen sind Feldlerche, Amsel, Rot- und Singdrossel.

tung, die getrennt für jede Art in einen Kalender eingetragen wird. Daneben sind Verhaltensweisen wie z. B. Schwarmbildung aussagekräftig. Anfänger sollten sich nur ein halbes oder Dutzend Arten vornehmen, Fortgeschrittene mehr. Auf der Beobachtungsliste könnten u. a. folgende Vögel stehen: Bachstelze, Bergfink, Birkenzeisig, Bläßgans, Brachvogel, Distelfink, Dohle, Feldlerche, Fitis, Gartenrotschwanz, Haubentaucher, Hausrotschwanz, Kiebitz, Klappergrasmücke, Kolkrabe, Kormoran, Mäusebussard, Mehlschwalbe, Mönchsgrasmücke, Nachtigall, Rauchschwalbe, Ringelgans, Saatgans, Saatkrähe, Seidenschwanz, Singdrossel, Sommergoldhähnchen, Wacholderdrossel, Zeisig, Zilpzalp.

Die Vögel des Monats

Ringelgans
(Branta bernicla)

Dunkle melodische Rufe künden sie schon vor der Landung auf den Wattflächen an. Im Oktober fliegen die ersten Trupps von Ringelgänsen ins Wattenmeer ein. Von nun an bis Ende Mai werden die Tiere hier überwintern. Auf den Salzwiesen im Vorland und den Süßgraswiesen der Inseln, Halligen und Küste ruhen und äsen sie. Draußen im Watt fressen sie bei Ebbe Seegras. Ringelgänse sind ein Paradebeispiel für den Vogelzug. Zirkumpolar besiedeln sie die Arktis. Für nur dreieinhalb Monate nehmen sie die ungeheuren Strapazen eines 4000-Kilometer-Fluges auf sich, um in der kargen Tundra ihre Jungen großzuziehen. Auf dem Wegzug im Mai zehren die nur 1500 g schweren Wildgänse von den im Wattenmeer angelegten Fettreserven. Die Zahl der gelegten Eier steht in direktem Zusammenhang mit der Qualität der Überwinterung:

Konnten die Ringelgänse ungestört fressen und so ein dickes Fettpolster anlegen, fällt das Gelege größer aus, als wenn sie nur wenig Reserven speichern konnten. Sofort nach Brutende geht es zurück in die Winterquartiere im Wattenmeer. Die mattschwarzen Wasservögel mit dem namensgebenden weißen Halsring ziehen als Nahrung die nährstoffreicheren Salzwiesengräser den Pflanzenarten der Süßwiesen vor, die wiederum Hauptnahrung von Schafen und Kühen an der Küste sind. Trotzdem werden sie von Viehhaltern nicht allzugern gesehen. Im Bereich der Nordseeküsten überwintern alljährlich etwa 20 000 Tiere.

Kranich
(Grus grus)

Mit ihren weithin vermehmbaren Trompetenrufen sind Kraniche gleichsam ein Symbol des Vogelzugs. Die größten Brutvorkommen liegen in Nord- und Osteuropa, in Deutschland hat sich vor allem im Nordosten ein kleinerer Bestand gehalten. Im Sep-

TIP:

Wandern Sie einmal bei Nacht am Strand entlang und lassen sich von den Rufen der Seevögel verzaubern.

Ringelgänse ernähren sich vegetarisch. Die beiden Tiere im Watt fressen vor allem Seegras, an Land von Salzwiesen.

Langsam dahinschreitende Kraniche zu beobachten, gehört zu den Sternstunden der Vogelfreunde. Im Oktober rasten durchziehende Trupps auf Feldern und in Sümpfen.

tember versammeln sich die Tiere in großen Mengen auf überlieferten Plätzen, so etwa an der Müritz bei Waren. Von dort aus starten die Trupps dann im Oktober in typischen Keilformationen. Ihre Winterquartiere liegen teils in Nordafrika, teils in Ostafrika, am Oberlauf des Nils. Auch in Südeuropa, hier vorzugsweise in Spanien, bleiben viele Tiere. Der unverwechselbare Großvogel erreicht eine Spannweite von 240 cm. Im Flug ist er mit keiner anderen Art zu verwechseln.

dem Durchzug sind nahrungssuchende Tiere auch in anderen Lebensräumen zu finden. Wintergoldhähnchen leben ausgesprochen heimlich in der oberen Kronenregion der Bäume, wo sie kleinen Insekten oder Spinnen nachstellen. So winzig und scheu wie es ist, würde das Wintergoldhähnchen sicher unseren Blicken entgehen, wären da nicht seine charakteristischen Rufe. Das »Si-si-si« klingt sehr hoch, wird häufig geäußert und verrät dadurch die Anwesenheit der Vögel.

Wintergoldhähnchen
(Regulus regulus)

Das Wintergoldhähnchen ist ein typischer Vertreter der Teilzieher. Es paßt seine Wanderstrecke den klimatischen Erfordernissen an. Während die Tiere Skandinaviens im Oktober in großen Mengen südwestwärts bis nach Nordwestafrika ziehen und dabei auf den Halligen und Inseln in der Nordsee häufig beobachtet werden können, bleiben die Brutvögel Mitteleuropas zumeist vor Ort. Nur starken Kälteeinbrüchen weichen auch sie gen Süden aus. Der kleinste heimische Singvogel (Körpergewicht nur 5 g) bevorzugt als Lebensraum Nadel- und Mischwälder, besiedelt inzwischen aber auch nadelholzreiche Gärten und Parks. Nur auf

Als heimliche Wipfelbewohner bekommt man Wintergoldhähnchen im Wald nur mit viel Glück zu Gesicht. Besser stehen die Chancen auf dem Durchzug, wo ganze Schwärme sogar in Bodennähe Futter suchen.

Saatkrähen bevöl-kern jetzt weite Landstriche. Doch ihre Menge täuscht über den hiesigen, geringen Brutbestand hinweg. Die Massen sind meist Winter-gäste aus Osteuropa.

November

Der Laubfall erleichtert die Sichtbeobachtung von Baum- und Heckenvögeln ungemein. Die Phase des Vogelzugs geht zu Ende. Vereinzelt ziehen noch Kranichtrupps vorbei. Kurzstreckenzieher wie Singdrossel, Distelfink, Heckenbraunelle, Zilpzalp, Feldlerche, Rohrammer, Bachstelze und Hausrotschwanz verlassen uns spätestens jetzt. Teilweise werden die abziehenden Tiere aber durch von Norden oder Osten zuströmende Artgenossen ersetzt, so bei Heckenbraunelle, Rotkehlchen, Staren, Bachstelzen oder dem Kiebitz. In Norddeutschland ist bereits mit merklichem Zuzug von Wintergästen zu rechnen, etwa Seidenschwanz, Birkenzeisig, Strandpieper, Berghänfling, Schnee- und Spornammer. Auch Greife wie Rauhfußbussard und Merlin gehören vorübergehend zur Vogelfauna. Aus den Bergen kommen Tannenhäher, Alpendohlen, Bergpieper, Kolkraben oder Zeisige bis in die Täler und teilweise sogar in Ortschaften. Selbst Schnee-, Birk- und Auerhühner suchen tiefere Lagen auf, die Beobachtungschancen für die heimlichen Hühnervögel bessern sich dadurch erheblich. Saatkrähenscharen aus Osteuropa beleben Stadt und Land. Auch andere Vögel bilden nun größere oder kleinere Schwärme, etwa Schwanzmeisen, Finken, Hänflinge, Ammern, Kernbeißer oder Rabenkrähen. Bei Kälte und Schnee werden Futterstellen attraktiv, es erscheinen Drosseln, Gimpel, Buntspecht, Meisen und Kleiber. Fruchttragende Gehölze sind weiterhin lohnende Beobachtungsstätten. Auf den Überwinterungsplätzen von Nordseeküste und Niederrhein lassen sich Zwerg- und Singschwäne, Grau-, Nonnen-, Saat-, Bläß,- Kurzschnabel- und Ringelgänse beobachten. An den Küsten streifen überwinternde Watvögel herum. Lach- und Sturmmöwenschwärme ziehen auf der Suche nach Futterquellen verstärkt in Häfen und Städte. Auf Gewässern sammeln sich nun Berg-, Schell- und Samtenten. Kormorane vagabundieren umher. Auch überwinternde Mittel- und Gänsesäger, sowie See-, Rothals- und Ohrentaucher erscheinen. Selbst im Landesinneren können vereinzelt noch Samt- und Eiderenten oder Zwergsäger auftauchen.

Die Haubenmeise ist an ihrem charakteristischen Federhäubchen gut zu erkennen.

Beobachtungsprojekt: Futterbeschaffung bei Meisen

Die kahlen Bäume lassen den Blick zwischen die Äste frei und eröffnen uns dadurch die Möglichkeit, sich etwas näher mit der Futtersuche bei Meisen zu beschäftigen. Hierbei kommt es darauf an, von möglichst verschiedenen Meisenarten Daten über die natürliche Form der Futtersuche auf Bäumen zu gewinnen. Von besonderem Wert sind Ergebnisse von mehreren Meisenarten am gleichen Baum. Zur Beobachtung eignen sich Schwanz-, Blau-, Kohl-, Sumpf-, Tannen-, Hauben- und Weidenmeise. Als Untersuchungsort kommt jeder Lebensraum mit Meisen in Frage, etwa ein Garten, eine Grünanlage, ein Laub- oder ein Nadelwald. Man notiert die Meisenart und – wichtig – den genauen Ort der Futtersuche. Hierbei wird unterschieden nach Stammregion, dickeren, mittleren, dünnen und Außenästen eines Baumes. Prinzipiell kann zu jeder Zeit beobachtet werden. Jeder Wert zählt, je mehr Werte Sie sammeln, desto besser. Mit der Zeit wird man eine Fülle von verschiedenen Daten bekommen, die dann ausgewertet werden können. Dazu legt man am besten eine Tabelle an, wo oben die Meisenarten aufgelistet sind und links die Aufenthaltsorte. Aus den eingetragenen Ergebnissen kann man Tendenzen herauslesen. Dazu ist es wichtig, die Körpergewichte der einzelnen Arten zu berücksichtigen. Als Ergebnis könnte folgendes herauskommen: Die leichteren Meisenarten suchen bevorzugt in den äußeren Ästen eines Baumes nach Nahrung, während sich die schwereren stärker auf die dickeren Äste und den Stammbereich beschränken. Diese Aufteilung (Spezialisierung) des Nahrungsraumes tritt besonders bei Futtermangel und bei gleichzeitiger Nahrungssuche von mehreren Arten auf demselben Futterbaum auf.

TIP:

Spätestens jetzt sollten Sie neue Nistkästen aufhängen. Im Winter dienen sie Kohlmeise, Kleiber und Baumläufer als Schlafplatz.

Körpergewichte von Meisen	
Schwanzmeise	7– 9 g
Tannenmeise	8–10 g
Sumpfmeise	9–12 g
Weidenmeise	9–12 g
Blaumeise	9–12 g
Haubenmeise	10–13 g
Kohlmeise	16–21 g

Beobachtungsprojekt: Nester aufspüren

Der herbstliche Laubfall offenbart uns eine Gelegenheit, auf die mancher lange gewartet hat: Die Vogelnester werden endlich sichtbar. Besonders in Büschen, Bäumen und in Schilfzonen versteckte Nistplätze fallen um diese Zeit viel eher auf als im Sommer. Auf solche Nester sollte man sich jetzt konzentrieren, denn die Bodennester werden nun im Herbstlaub schwieriger zu entdecken sein. In einem bestimmten Gelände (eigener Garten, Park, Feldhecke) sucht man systematisch nach verlassenen Brutstätten. Dabei sind gerade besonders dichte und undurchdringliche Stellen (Dornengebüsche)

erfolgversprechend, tragen Sie also entsprechende Schutzkleidung! Zum Teil wird man auch in Bäume steigen müssen, um die Nester zu untersuchen. Vielfach lohnt auch der Blick von einer Leiter, etwa in eine Fichte oder Thujahecke. Selbstverständlich werden bei dieser Untersuchung auch Nistkästen berücksichtigt (und bei der Gelegenheit gereinigt!). Anhand von Nestgröße, Höhe, Lage, Form und den Baustoffen lassen sich dann vielfach die ehemaligen Nutzer identifizieren. Auch Futterreste (Knochen, Gräten) oder Kotspuren sind hilfreiche Zeugen der Vergangenheit. Von den Niststandorten des Geländes kann man anschließend eine Übersichtsplan anfertigen und darin alle Daten eintragen.

Nest-Baumaterial

Nestbauende Vögel sind Material-
sammler. Doch nicht jede Art sam-
melt alles. Es gibt Vorlieben und
Eigenarten. Verwendet werden natürliche Materialien und künstliche
Stoffe.

Art	Material
Gartenrotschwanz	fremde Vogelfedern
Stockente	eigene Federn
Haussperling	Schnüre
Feldsperling	Lumpen
Weißstorch	Plastiktüten
Buchfink	Spinnennetze
Star	Blüten
Singdrossel	Tierkot
Rauchschwalbe	Lehm
Mauersegler	Wolle
Rohrammer	Torf
Eisvogel	Fischgräten
Teichrohrsänger	Schilf
Gartengrasmücke	Gras
Hänfling	Moos
Saatkrähe	Erde
Grauschnäpper	Wurzeln
Misteldrossel	Flechten
Schwanzmeise	Raupengespinst
Heckenbraunelle	Blätter
Graureiher	Tierhaare
Mäusebussard	Tannenzweige
Bläßhuhn	Wasserpflanzen
Dreizehenmöwe	Tang
Küstenseeschwalbe	Muscheln
Buntspecht	Sägemehl
Kleiber	Rindenstücke
Kohlmeise	Pflanzensamen

*Wilder Wein tarnte
das Kugelnest eines
Zaunkönigpaares.
Im November wird es
plötzlich sichtbar.*

*Dieses Nest hoch in
der Baumkrone
wurde wahrschein-
lich von einer Elster
benutzt. Doch auch
Turmfalke und
Waldohreule brüten
gern an solchen Stel-
len. Nur eine genaue
Inspektion würde
hierüber Klarheit
verschaffen.*

*Als wahre Flecht-
künstler entpuppen
sich Beutelmeisen.
Ihre filigranen Kon-
struktionen hängen
an nur dünnen Ästen
und überdauern den-
noch oft Jahre
(ganz links).*

Als Spezialisten für Zweigspitzen könnte man Schwanzmeisen bezeichnen. Ein Paar turnt behende auf dem dünnen Geäst herum.

Die Vögel des Monats

Schwanzmeise
(Aegithalos caudatus)

Aus Laub- und Mischwäldern besuchen nun Schwanzmeisentrupps Gärten und Parks. Bis zu 30 Tiere zählen diese agilen Verbände. Unsere leichtgewichtigste Meise hat sich stark an die Nahrungssuche in den äußeren Zweigen angepaßt, die keine andere Meise mehr erreicht. Vier Fünftel des Futters, vorwiegend Spinnen und Insekten, stammen aus diesem Bereich. Der Körper ist für diese Form der Nahrungssuche gut gerüstet: Schwanzmeisen sind die Akrobaten unter den Meisen, sie sind phänomenale Turner und Kletterer. Der lange Schwanz wird bei der Futterbeschaffung nach Art eines

TIP:

Baumsamen stellen nun für viele Singvögel eine wichtige Nahrungsquelle dar. Birken, Ahorn, Eichen und Erlen beobachten.

Fast zum winterlichen Ortsbild gehören heutzutage Saatkrähenschwärme. Doch die harmlosen Vögel verbreiten nicht überall Harmonie.

Seiltänzers zur Körperbalance eingesetzt. Mit den langen Beinen krallen sich die Vögel geschickt auch noch an feinsten Zweigen fest, notfalls fressen sie sogar kopfunter an einem Fuß hängend. Auch das Nest, das man gelegentlich in der entlaubten Vegetation entdeckt, ist ein Kunstwerk. Als geschlossene Kugel mit seitlichem Eingang ist es von außen perfekt mit Flechten und Moosen getarnt. Innen besteht es aus mehreren Lagen kleiner Federn zwischen 2–4 cm Länge. Im Schnitt zählt man über 1500 Einzelfedern, es können aber auch 2000 Stück sein. Der aufwendige Nestbau beansprucht 1–2 Wochen Arbeit.

Saatkrähe
(Corvus frugilegus)

Saatkrähen bevölkern jetzt in großen Schwärmen unsere Landschaft. Mitunter dringen sie sogar mitten in Großstädte vor, wo sie in Grünanlagen und Brachflächen Futter suchen. Immer häufiger sieht man die Tiere auch an Müllplätzen – zusammen mit Rabenkrähen, Elstern, Lach- und Silbermöwen oder Kolkraben. Abends suchen Saatkrähen immer dieselben Schlafplätze in hohen Bäumen oder Hochspannungsleitungen auf. Diese Übernachtungstradition wird über Jahrzehnte weitergeben. Die Krähenmassen des Winters stammen in aller Regel nicht von hier, sondern sind Wintergäste und Durchzügler aus Osteuropa. In Deutschland steht der Rabenvogel seit 1963 unter Schutz. Die heimischen Bestände sind stark gefährdet, nicht zuletzt durch menschliche Verfolgung.

Steinadler
(Aquila chrysateus)

Im November sieht man im Alpenbereich gelegentlich ziehende Steinadler. Es handelt sich fast immer um revierlose Jungtiere, die nun bessere Jagdgründe suchen. Die Mehrzahl des dies-

Der König der Greife bleibt seinem Brutplatz selbst in der Kälte treu. Nur in Hungerzeiten wandern Steinadler kurzfristig ab.

jährigen Nachwuchses bleibt jedoch auch im Bergwinter standorttreu im elterlichen Brutrevier. Nur in extrem harten Jahren verlassen einzelne Tiere ihre angestammten Reviere. Der Steinadler kann also in Abhängigkeit von Lebensraum und Klima sowohl Stand- als auch Strich- und Zugvogel sein. Die Ernährungslage ist aber gerade im Winter nicht so schlecht wie für andere Vogelarten. Während die Greife den Sommer über für gewöhnlich über der Waldgrenze jagen, gehen sie im Winter bis in den Waldbereich hinab. Der imposante Flieger mit einer Flügelspannweite von 220 cm stellt Beutetieren bis zu einem Körpergewicht von 3 bis 4 kg nach. Dazu zählen Murmeltiere, Füchse, Katzen, Rauhfußhühner, Eichhörnchen, Krähen, Raben und kleinere Greife. Auch die Kälber von Gemsen, Rehen und Hirschen werden geschlagen. Da die Schalenwilddichte im Bergwald ohnehin überhöht ist, wirkt der »Eingriff« des Adlers regulierend. Im Winter nimmt Fallwild einen wichtigen Bestandteil der Nahrung ein.

T I P :

Bei Frost und Kälte, vor allem bei Schnee im Garten, sollten Sie jetzt mit der Vogelfütterung beginnnen.

Ringelgänse haben zwischen dem Seegras im weichen Schlick prachtvolle Fußabdrücke hinterlassen, ein Fall für die Spurensicherung.

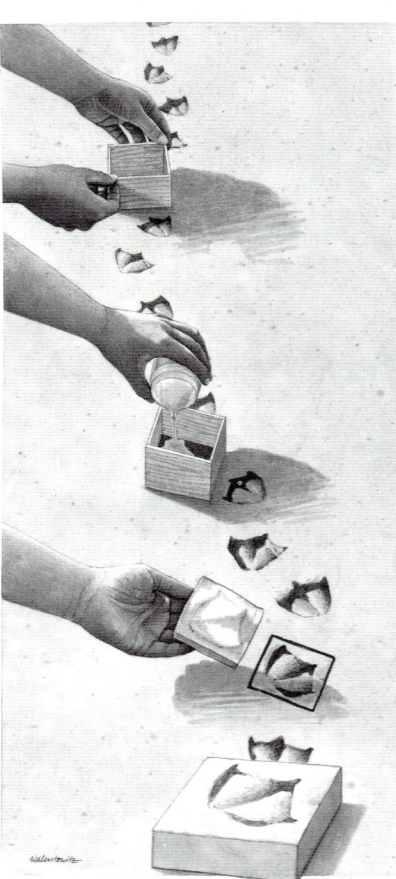

So entsteht ein Gipsabdruck: Das Trittsiegel wird eingefaßt und mit Gipsbrei ausgegossen. Nach kurzer Trockenzeit läßt es sich als negativer Abguß entnehmen.

Dezember

Für den Vogelbeobachter ist das der ruhigste Monat. Praktisch alle Zugvögel sind außer Lande, dafür beleben Wintergäste aus Nord- und Osteuropa die Landschaft. In milden Jahren trifft man gelegentlich Einzelexemplare von Mönchsgrasmücke, Hausrotschwänzen oder Zilpzalp. Solche Kurzstrecken- und Teilzieher wandern erst bei Kälteeinbrüchen südwärts. Das Artenspektrum der Überwinterer ist vollzählig, wenngleich harte Winter in Ost- und Nordeuropa noch zu spürbaren Zuwanderungen führen. Entsprechende Bedingungen treiben verstärkt Wildgänse zu uns, aus Nordeuropa ist dann mit Invasionen des Seidenschwanzes zu rechnen. Durch Bergland und Nadelwälder schweifen Kreuzschnabel-Trupps. Alpendohlen besuchen Ortschaften und Skistationen. Zu den charakteristischen Wintergästen des Binnenlandes zählen außerdem die großen Saatkrähenschwärme, Dohlen, Zeisige, Bergfinken, Birkenzeisige, Berghänflinge und Wacholderdrosseln. Auch nordische Rauhfußbussarde, Mäusebussarde und Graureiher verbringen die kalte Jahreszeit hierzulande, wandern allerdings in Schneewintern nach Südwesten ab. An Hecken, auf Wiesen und Feldern suchen Feldlerchen und Stare Nahrung. Auf Binnengewässern konzentrieren sich nun große Mengen Wasservögel. Viele davon gehören zu Überwinterern, z. B. Höckerschwäne, Graugänse, Bläßhühner, Sturm- und Lachmöwen. Tafel-, Reiher- und Stockenten sammeln sich an Futterplätzen und beginnen teilweise mit der Balz. Die Männchen erkennt man jetzt wieder besser an ihrem Prachtgefieder. Eisvögel ziehen ins Tiefland, zuweilen tauchen sie sogar an Bächen und Seen in der Stadt auf. Gelegentlich sieht man an und um Gewässer sogar Waldwasserläufer, Bekassinen, Wasserrallen und Rohrdommeln. An der Nordseeküste überwintern kleinere Verbände von Pfuhlschnepfen, Kiebitzen, Brachvögeln, Knutts und Meeresstrandläufern. In der Ostsee verbringen Eisenten die kalte Jahresperiode. Mit Wildkräutern bewachsenes Brachland, Wegraine und Bahndämme sind nach wie vor für Samenfresser wie Stieglitz, Gimpel, Zeisig, Hänfling oder Rebhühner interessant. Am Futterhaus finden sich Kohl- und Blaumeise, Amsel, Haussperling, Grün- und Buchfink, Kleiber und andere Standvögel ein. Auch der Sperber jagt hier verstärkt auf Kleinvögel. Rotkehlchen und Zaunkönig singen an warmen Tagen bereits häufiger. Das alte Vogeljahr geht zu Ende, ein neues fängt an.

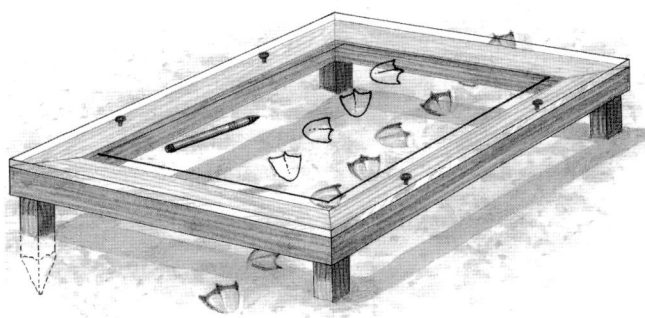

Beobachtungsprojekt: Fußabdrücke sichern

Im weichen Untergrund von Lehmgruben, Pfützen, Bachufern, an Flußläufen und im Wattboden finden sich manchmal wunderbare Fußabdrücke von Vögeln. Sie sind oft zu schön, um einfach vorüberzugehen. Da man Trittsiegel nicht wie eine Vogelfeder einfach mit nach Hause nehmen kann, empfiehlt sich, die vergänglichen Fußabdrücke zu sichern. Hierzu bestehen grundsätzlich verschiedene Möglichkeiten.

Fotografieren: Am besten gelingt die Aufnahme mit einem Makroobjektiv oder mit Zwischenringen. Bei schlechtem Licht bewährt sich ein Stativ. Auch ein Blitzgerät verbessert die Bildqualität, wobei der Blitz allerdings nicht frontal von oben kommen sollte, da sonst die Tiefe der Spur schlecht zu erkennen ist. Besser ist die seitlich angebrachte Lichtquelle. Im natürlichen Licht bringt die Schatten werfende Abend- oder Morgensonne die geeignetsten Motive. Damit die Größe der Spur auch später noch bestimmt werden kann, benötigt man einen Vergleichsmaßstab. Dies kann ein Lineal am Bildrand sein, eine Münze oder ein Streichholz. Am besten ist freilich eine Normscheibe für die maßstabsgerechte Fotografie (aus dem Fachhandel). Sie unterteilt das Gesichtsfeld in Ringe mit je 1 cm Abstand.

Gipsabdruck: Wer die Spur auch plastisch vor Augen haben möchte, fertigt einen Gipsabdruck. Hierzu ist die Fährte mit einer Schablone oder gewachstem Papier (z. B. von Getränkeverpackungen) einzugrenzen. Mit Süß- oder Salzwasser rührt man dann aus Stuckgips eine dicken Brei an, der etwa 2 cm hoch in die Form gegossen wird. Bereits nach 15–30 Minuten läßt sich der spiegelverkehrte Abdruck aufheben, vorsichtig reinigen und mit-

Simple Skizzenhilfe: Über den mit einer Plastikscheibe abgedeckten Viereckrahmen wird eine Klarsichtfolie gelegt. Dann wird die Spur mit wasserfestem Filzstift originalgetreu abgepaust.

walterowitz '92

Günstigere Umwelt-bedingungen zur Winterzeit locken bestimmte Waldvögel in die Stadt:
1 Kohlmeise
2 Weidenmeise
3 Blaumeise
4 Feldsperling
5 Buntspecht
6 Buchfink
7 Wacholderdrossel
8 Sperber

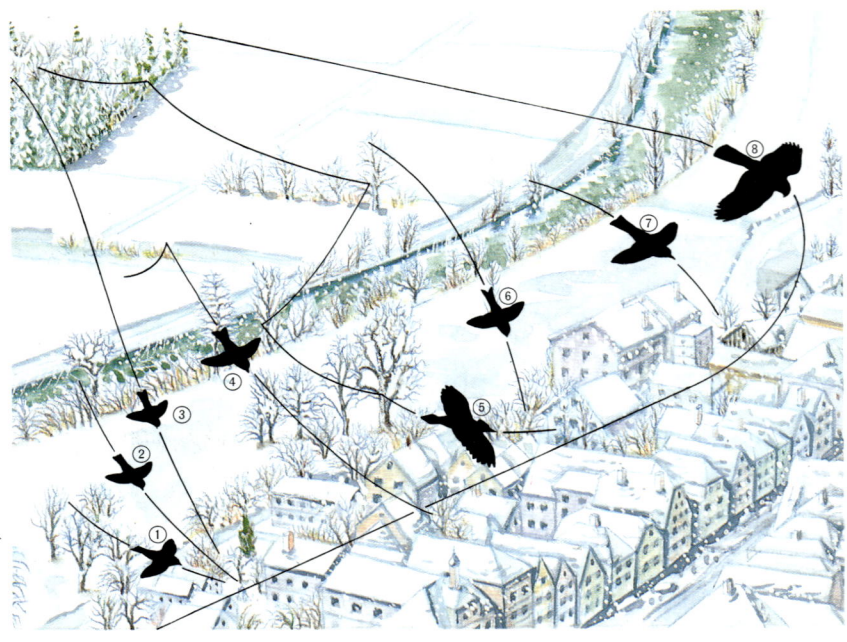

TIP:

Wintergoldhähnchen durchstreifen jetzt in Trupps Nadelwälder. Auf die feinen, hohen Rufe hören und den Tieren eine Zeitlang folgen.

nehmen. Daheim im Schatten austrocknen lassen, bestimmen, beschriften und eine Fußabdruck-Sammlung beginnen.

Skizze anfertigen: Vogelspuren zu zeichnen, ist nicht schwer. Mit etwas Geduld, einem Blatt Papier, Bleistift und Radiergummi läßt sich recht schnell eine zeichnerische Kopie der Vogelspur herstellen. Wer sich einen stabilen Viereckrahmen mit aufliegender Plastikscheibe baut und ihn über die Spur stellt, kann darauf eine Klarsichtfolie legen und mit wasserfestem Filzschreiber das Original abpausen.

Spur ausmessen: Natürlich kann man die Spur auch einfach nur ausmessen. Ein Geodreieck und ein durchsichtiges Lineal leisten gute Dienste. Wichtig sind die Maße von Breite und Länge des Fußes, die Zehendicke und der Winkel zwischen den Zehen. Auch die Schrittlänge kann bei der Bestimmung helfen.

Beobachtungsprojekt: Vögel in der Stadt

Die Stadt ist für Vögel zum eigenen Lebensraum geworden. Eine Reihe von Arten fand in den Menschensiedlungen geradezu optimale Lebensbedingungen. Dies betrifft insbesondere Felsbrüter, wie etwa die ursprüngliche Felsentaube, die inzwischen zur Stadttaube geworden ist. Aber auch Mauersegler, Haussperlinge, Amseln, Stockenten, Dohlen oder Elstern trafen in und zwischen Wohnsiedlungen günstige Lebensverhältnisse an. Welche und wie viele Vogelarten Brutreviere gründen und Futter finden können, ist natürlich von Stadt zu Stadt verschieden. Um die vor Ort ansässigen Arten zu ermitteln, führt man am besten eine Art Protokoll, in das die gesichteten Arten, das Datum und der Beobachtungsort eingetragen werden. Im Dezember fällt die Bestandserfassung noch leichter, da nur Standvögel und

Ein fast schon alltäglicher Anblick: Alpendohlen betteln um Futter.

Wintergäste in Frage kommen. Wer mag, kann die Beobachtung jedoch bis ins nächste Frühjahr fortführen und somit auch die Strich- und Zugvögel berücksichtigen. Alle Lebensräume des Wohnortes können bei einer Bestandsaufnahme erfaßt werden: Bauten, Plätze, Straßenzüge, Bahndämme, Bahnhöfe, Gärten, Grünanlagen, Parks, Industriegebiete, Brachen, Gewässer, etc. Die Auswertung der Daten sollte entweder summarisch für die ganze Stadt erfolgen oder man ordnet die Ergebnisse schwerpunktmäßig nach Hauptlebensräumen wie Gebäude, Gehölze, Wiesen, Gewässer oder Brachflächen. Sie können auch nach Art der Bebauung unterscheiden, etwa nach dicht bebauter Innenstadt, locker bebauter Gartenstadt oder Industriegebieten sowie nahezu unverbauten Grünanlagen und Waldstücken. Interessierten sei auf jeden Fall der Kontakt zu organisierten Vogelschützern empfohlen, die über einschlägiges Vergleichsmaterial verfügen.

Beobachtungsprojekt: Raben auf Bergen

Der Ski- und Wandertourismus hat manchen Rabenvögeln zu einer Verbesserung der Umweltbedingungen verholfen. Speziell um Berg- und Skistationen scharen sich nun oft große Mengen von Alpendohlen, zuweilen sogar Alpenkrähen. Sie lassen sich unschwer beobachten, teilweise ist nicht einmal ein Fernglas notwendig. Der Hauptgrund für die Anwesenheit solcher Rabenvögel auf dem Berg ist die kontinuierliche Fütterung. Die sonst oft sehr scheuen Tiere werden dadurch so vertraut, daß man ihnen Futter sogar im Flug zuwerfen kann. Eine schöne Gelegenheit, ihr großes fliegerisches Können zu bewundern. In Aufwinden lassen sich Alpenkrähen und Alpendohlen hochtragen, segeln mit perfekter Technik eine Zeitlang, nur um sich in kühnen Flugspielen alsbald wieder zu Tal zu stürzen.

TIP:

Auf Seen im Alpenvorland findet man nun im Binnenland sonst seltene Wasservögel wie Mittelsäger, Samtente, Rothals- und Ohrentaucher.

*Als geborene Segel-
flieger entfalten
Alpendohlen ihre
volle Flugkunst erst
in stürmischen Böen
des Hochgebirges.*

Die Vögel des Monats

Alpendohle
(Pyrrhocorax graculus)

Viele dieser intelligenten Rabenvögel haben sich dem Menschen sehr eng angeschlossen und ihre Lebensweise verändert. Zogen die Alpendohlen im Winter früher in die Täler, so überwintern heute manche Artgenossen auf dem Berg. An Skihütten und Seilbahnstationen herrscht in der Regel kein Nahrungsmangel, zumal die possierlichen Rabenvögel oftmals gern gefüttert werden. Wie lernfähig Alpendohlen sind, zeigen Fälle, wo sie ihre Anwesenheit pünktlich nach der Ankunft der Bergbahnen richten oder sich bei Schönwetter passend zum Mittagstisch einfinden. Wie andere Rabenvögel lebt die Alpendohle in Paaren zusammen. Ein Verhalten zur Partnerbindung läßt sich vielfach sogar an Bergstationen beobachten: Das Männchen füttert das Weibchen mit einem aufgeschnappten Futterbrocken.

Sperber
(Accipiter nisus)

Der habichtähnliche Greif mit der weiß-braun gesperberten Unterseite und der tarnfarbenen braunen Oberseite ist derzeit Gelegenheitsjäger am Futterhaus. Mit wenigen Flügelschlägen erreichen die Vögel hohe Geschwindigkeiten bis 70 km/h. Im bekannten Gelände fliegt der jagende Sperber oft Überraschungsangriffe, dabei nutzt er geschickt die vorhandene Deckung. Wie ein Pfeil schießt er dann hinter einer Hecke, der Hausecke oder dem Gartenzaun hervor und versucht, einen Vogel am Futterhaus zu greifen. Im fremden Terrain bezieht der Jäger zunächst einen entfernteren Beobachtungsposten, um sich dann in einem günstigen Moment anzupirschen. So schnell wie der Angriff abläuft, so schnell ist der Greif auch wieder verschwunden. Einige Federn des Opfers werden teils noch im Flug gerupft, der Rest auf einem eigenen Kröpfplatz (gern ein Baumstumpf)

Wo viele Spatzen tschilpen, ist der Sperber nicht weit. Besonders gern lauert er in der Nähe von Futterhäusern.

ausgerissen. Normalerweise ernähren sich Sperber zu 90% von Vögeln, wobei häufige und optisch auffällige Arten am meisten erbeutet werden. Alles in allem stehen 150 Vogelarten auf seinem Speiseplan.

Seidenschwanz
(Bombycilla garrulus)

Alle paar Jahre dringt der Seidenschwanz in großen Schwärmen zu uns vor. Man spricht von »Invasionen«. Trupps zwischen 50 und 200 Tieren der schmucken Vögel fallen dann in Büschen und Hecken ein. Beliebt sind beerentragende Wildsträucher und Bäume. Der Singvogel zeigt sich darin nicht gerade wählerisch. Die Früchte von 45 heimischen Sträuchern und 21 hiesigen Bäumen werden gefressen. Hinzu kommen 25 Früchte nichtheimischer Gehölze. Als Nahrung dienen etwa Vogelbeeren, Gemeiner Schneeball, Hundsrosen, Hängebirke, Thuja, Weißdorn, Götterbaum oder Sanddorn. Damit zählt der Seidenschwanz zu den wenigen, unspezialisierten Fruchtfressern. Die Ursache für das invasionsartige Auftreten hierzulande liegt entweder in einer Übervölkerung oder einem besonders harten Winter mit Futtermangel in der skandinavischen Brutheimat.

TIP:

Beim Spazierengehen auf Gewölle von Eulen, Greifen, Reihern, Möwen, Krähen und Kormoranen achten.

Seidenschwänze gehören zu unseren schönsten Wintergästen. Ihre dekorative Gefiederzeichnung macht sie gleichzeitig unverkennbar.

Vogelschutz – aber richtig

Deutschland ist ein vogelreiches Land, was nicht zuletzt an einer bemerkenswerten Fülle ganz unterschiedlicher Lebensräume liegt. Die Nordseeinsel Langeoog, die Kreidefelsen von Rügen, das Seengebiet der Müritz, Niederrhein, Hochharz, Norddeutsche Tiefebene, die fränkische Seenplatte, Schwäbische Alb, Bodensee, Bayerischer Wald oder Alpen sind Beispiele charakteristischer Lebensräume mit jeweils eigener Vogelfauna. Deutschland besitzt einen Artenreichtum von über 300 Vogelarten. Doch die Situation vieler Vögel ist kritisch, etwa ein Drittel der Arten steht bereits auf der Roten Liste der bedrohten Tiere. Auch bei noch häufigen Spezies wird ein bedenklicher Bestandsrückgang verzeichnet. Hauptursachen für den Artenschwund ist der Verlust ursprünglicher Lebensräume, der Biotope. Vogelschutz muß deswegen immer Biotopschutz heißen. Dies darf sich freilich – wegen der Mobilität vieler Arten – nicht auf Mitteleuropa beschränken, sondern gilt genauso für die Winterquartiere der Zugvögel im Süden und ihre Brutgebiete im Norden und Osten. Daneben ist die Qualität menschlicher Siedlungen von Belang. Sie können vogelfeindlich oder vogelfreundlich gestaltet sein. Vogelschutz fängt deswegen immer auch vor der eigenen Haustür an.

Bilder wie dieses fehlen inzwischen vielerorts. Rauchschwalben besiedeln längst nicht mehr jeden Kuhstall.

Seltene Ausnahme: Die Wiedereinbürgerung des vom Menschen ausgerotteten Bartgeiers in den Alpen scheint zu gelingen.

Bestände von Kleinvögeln in Mitteleuropa

abnehmend

Amsel
Blaukehlchen
Braunkehlchen
Dorngrasmücke
Drosselrohrsänger
Fitis
Gartenrotschwanz
Gelbspötter
Gimpel
Grauschnäpper
Heckenbraunelle
Klappergrasmücke
Neuntöter
Schilfrohrsänger
Seggenrohrsänger
Sperbergrasmücke
Stieglitz
Sumpfrohrsänger
Teichrohrsänger
Trauerschnäpper
Wendehals
Zaunkönig

gleichbleibend

Feldschwirl
Rotkehlchen
Wintergoldhähnchen
Zilpzalp

zunehmend

Blaumeise
Gartengrasmücke
Hausrotschwanz
Mönchsgrasmücke
Nachtigall
Rohrdommel
Rohrschwirl
Sommergoldhähnchen
Singdrossel
Waldlaubsänger

Artenvielfalt oder Artensterben?

Das Artensterben hat die Vogelwelt seit langem erfaßt. Schon vor mehr als einem Jahrhundert beklagten Ornithologen den Rückgang verschiedener Vertreter. Doch damals ging es hauptsächlich um auffällige Arten, vornehmlich Großvögel. Das Ausbleiben von Kranichen, Reihern, Trappen, Störchen oder Auerhühnern wird eben eher bemerkt, als wenn ein unscheinbarer Singvogel von der Bildfläche verschwindet. Inzwischen hat der Bestandsrückgang jedoch auch die kleineren Arten erfaßt. Es läßt sich nicht mehr leugnen: Die Vogelwelt Europas nimmt stark ab. Aktuelle Untersuchungen an heimischen Kleinvögeln belegen diesen Negativtrend für zwei Drittel der betrachteten Arten. Die gravierendsten Abnahmen notiert man bei ohnehin schon bedrohten Arten wie Blaukehlchen oder Neuntöter, darüber hinaus gehen mittlerweile auch die Bestände vordem noch häufiger Vögel wie etwa Amsel, Gimpel oder Gartenrotschwanz zurück. Demgegenüber weist ungefähr ein Drittel der Arten anscheinend positive Bestandsveränderungen auf und nimmt – zumindest lokal – zu.

Die Ursachen für den bedenklichen Rückgang vieler Vogelarten sind vielschichtig. Verantwortlich sind etwa die Verfolgung durch Menschen, wie es etwa beim Bartgeier, Graureiher, Kormoran oder Kolkraben der Fall war und ist. Hinzu kommt der ausufernde Tourismus, der immer stärker die natürlichen Lebensräume der Vogelwelt nutzt und beeinträchtigt: Freizeitkletterer bedrohen Uhubruten in Steinbrüchen. Kajakfahrer stören die Aufzucht

Intensivierung der Landwirtschaft, Zersiedlung der Landschaft, Straßenbau oder Verkehr haben die Umweltbedingungen für die Vogelwelt rapide verschlechtert. Die Wiedereinbürgerung aussterbender Vogelarten ist dabei kein probates Mittel zum Artenschutz. Sie funktioniert – wie beispielsweise beim Bartgeier – nur, wenn der Lebensraum noch geeignet ist. Das A und O des Vogelschutz lautet: National und international natürliche Lebensräume sichern, bewahren und verbessern. Artenvielfalt oder Artensterben? Wir haben die Wahl!

Auch der Eisvogel ist ein Rote-Liste-Kandidat. Sein Pech ist es, daß er unverbaute Bäche und sauberes Wasser braucht.

von Gänsesägern.
Angler und Surfer
verjagen Rohrdommeln.
Skifahrer vergraulen Alpenschnee- und Birkhühner.
Auch Pflanzenschutzmittel und andere Umweltgifte spielen eine Rolle, so etwa das DDT für Wanderfalke und Seeadler.
Die stärksten Einbußen jedoch erlitt die Vogelwelt durch die Zerstörung überlebenswichtiger Brut-, Nahrungs-, Schlaf-, Rast- oder Überwinterungsplätze. Großraumprojekte wie die Entwässerung von Mooren und Feuchtwiesen, Eindeichung von Salzwiesen, Kanalisierung der Flüsse, die

Die Monotonie von künstlichen Agrarsteppen (ganz links) trug erheblich zum Artenrückgang der Feldvögel bei. Inzwischen versucht man durch Neuanlagen von Biotopen (links) verlorenes Terrain wiederzugewinnen.

Der vogelfreundliche Garten

Manche Gärten sehen so aus: Rhododendron, Kirschlorbeer, Serbische Fichte, Thuja und andere fremdländische Arten bilden Gehölzpflanzungen und Hecken. Der im Sommer wöchentlich gemähte, zu Trockenzeiten ausdauernd bewässerte und mindestens einmal jährlich mit Volldünger und Unkrautvernichter behandelte Schurrasen nimmt die größte Gartenfläche ein. Wege und Terrasse bestehen aus Verbundsteinpflaster, die Garagenzufahrt ist geteert, der Goldfischteich mit Platten ummauert. Staudenbeet und Hochzuchtrosen sind penibel gejätet, der Untergrund ist mit Torf abgedeckt. In diesen Gärten wird man relativ wenig Vogelleben finden.

Mehr Erlebnisse genießt der Vogelbeobachter in einem solchen Fall: Heimische Hecken aus Weißdorn, Pfaffenhütchen und Schneeball umranden den Garten. Eine zwei- bis dreimal jährlich gemähte Blumenwiese erfreut das Auge des Betrachters. Wege, Sitzplätze und Zufahrten sind mit Natursteinplatten belegt. Die aus Bruchsteinen aufgesetzte Trockenmauer ergänzt diese Trockenstandorte. Zwischen den Steinritzen wachsen niedrige Polsterpflanzen. Ein natürlicher Teich ohne Fische gliedert sich harmonisch in den Garten ein. Wildrosen überwuchern eine sonnige Ecke. Bildschöne Wild-

Statt eines trennenden Zauns pflanzen diese Nachbarn eine verbindende Hecke – natürlich aus heimischen Sträuchern.

Ein naturnaher Garten bietet viel: Schönheit, Harmonie, Erholung, Erlebnisse und vor allem – Leben.

Fünf Grundregeln für den naturnahen Garten

Wichtige Merkmale eines vogelfreundlichen Natur- oder Wildgartens sind:

1. Naturnahe Gestaltungselemente

Bei der Planung und Anlage sind natürliche Lebensräume unser Vorbild. Hierzu gehören Hecken, Baumbestände, Wiesen, Trockenrasen, Naturteiche, Bachläufe, Sumpfgräben, Trockenmauern und andere Steinbiotope. Einen Teil dieser Lebensräume ahmen wir im Naturgarten bewußt nach und erzielen so Ausschnitte aus der natürlich möglichen, biologischen Vielfalt.

2. Wildpflanzen

Die Gräser, Stauden, Sträucher und Bäume sollten bei uns heimisch sein. Nur die hiesige Flora bildet eine ausreichend breite Ernährungsbasis für Insekten und versorgt damit automatisch die Gartenvögel mit Beutetieren. Außerdem liefern Wildpflanzen wertvolles Vogelfutter in Form von Sämereien, Beeren und Früchten.

3. Umweltfreundliche Baustoffe

Wenn immer es machbar ist, sollten heimische Materialien aus der Region verwendet werden. Auf Kunststoffe und andere umweltbelastende Dinge verzichten.

4. Natürliche Entwicklung

Die eigenständige Entwicklung und Veränderung von Gartenelementen ist ausdrücklich erwünscht. Sie kann sehr lange dauern. Geduld ist eines der wichtigsten Werkzeuge für Naturgärtner.

5. Naturnahe Pflege

Gearbeitet wird grundsätzlich mit und nicht gegen die Natur. Die Eingriffe sollten so geringfügig wie möglich ausfallen und immer in Anpassung an die besonderen ökologischen Bedingungen stattfinden. Gifte oder Unkrautvernichtungsmittel sind fehl am Platze.

Nächste Seite: Ein naturnaher Garten enthält viele Lebensräume, ist das Zuhause zahlreicher Gartenvögel. Im Geäst des alten Hochstammapfels singt der Buchfink, und Gartenbaumläufer suchen Nahrung. Der Grauschnäpper fängt im Flug einen Bläuling. Haussperlinge finden überall Sämereien und Insekten. Im niedrigen Gras der zweimal jährlich gemähten Magerwiese, dem Jagdrevier einer Bachstelze, findet ein Feldsperling trockene Halme zum Nestbau. Naturteich und alter Steintrog sorgen für durstige Vögel. Während ein Fitis mit einer erbeuteten Mücke abfliegt, sucht der Stieglitz nach Blattläusen. Der Star ist unter dem Dachfirst unterwegs. Ein Gartenrotschwanz hat die Raupe des Kleinen Kohlweißlings erbeutet. Vor Wildrosenbüschen und der Wildsträucherhecke hält ein Zaunkönig am Steinhaufen Ausschau nach Insekten und Asseln. In der Luft jagen Rauchschwalben.

staudenbeete locken an. In dieser Art Garten brütet wenigstens ein Dutzend Gartenvögel, weitere zwei Dutzend zählen zu den Nahrungsgästen.

Es ist kein Zufall, daß die meisten Gartenvögel naturnahe Gärten bevorzugen. Nur hier werden sämtliche Grundbedürfnisse abgedeckt. Während Exotengehölze, Blumenbeet und Hochzuchtrosen keinerlei oder kaum Futter bereithalten, bieten heimische Wildstauden, Wildsträucher und Wildbäume eine nahezu unerschöpfliche Futterquelle. Sie stellen die Ernährungsbasis für Hunderte von Insekten, die wiederum insektenfressende Gartenvögel versorgen. Nicht zu vergessen die zahlreichen Beeren und Wildfrüchte im Herbst, natürliches Vogelfutter für Herbst und Winter. Doch auch die Samen- und Körnerfresser in der Vogelwelt sind im Natur- oder Wildgarten gut bedient. Blumenwiese und Unkrautecke liefern Nachschub, entlang der Wege reifen Sämereien. Nahrung in Hülle und Fülle enthält ferner die Laubschicht unter Bäumen und am Heckenrand, die oft nach Insekten durchsucht wird. Der Naturteich lädt an heißen Tagen immer wieder Vögel zum Bad oder zum Beutemachen ein. Selbstverständlich enthält ein Wildgarten auch geschützte Brutplätze, etwa im Totholzhaufen, zwischen dichten Dornensträuchern oder in der Hausbegrünung. Selbst an Verstecken oder Schlafgelegenheiten besteht kein Mangel, schließlich ist hier nicht alles so ordentlich und fein säuberlich aufgeräumt.

Buchfink

Blaumeise

Grauschnäpper

Gartenbaumläufer

Nistkasten

Apfelbaum

Efeu

Flechtzaun
mit Knöterich

Trockenmauer

Brombeere

Naturteich

Amsel

Steintrog

Feldsperling

Magerwiese

Haussperling

Rauchschwalbe

Stieglitz

Star

Gemeine Waldrebe

Gartenrotschwanz

Fitis

Wildrose

Wildsträucherhecke

Wildkräutersaum

...achstelze

Zaunkönig

Die Winterfütterung hat Vor- und Nachteile. Dem Naturerlebnis steht der geringe Nutzen für die Vogelwelt gegenüber.

Winterfütterung ja oder nein?

Unter Vogelschützern und Vogelfreunden ist der Sinn der Winterfütterung heftig umstritten. Einige Argumente sprechen dagegen, einige dafür. Doch wie auch immer, die Entscheidung muß jeder für sich treffen. Die Vogelfütterung im Winter mag zwar einigen Gartenvögeln über harte Zeiten helfen, einen Beitrag zum Artenschutz jedoch erbringt sie nach Meinung der Fachleute nicht. Gefördert werden nämlich die ohnehin weitverbreiteten und häufigen 10 bis 15 Arten. In der Natur funktioniert die Kälteperiode als Zeit der natürlichen Auslese, in der die kranken und schwachen Tiere sterben und so von der Vermehrung im kommenden Jahr abgehalten werden. Auch ohne Zufütterung überleben normalerweise genug Tiere auch härteste Zeiten, damit der Bestand erhalten bleibt. Unsachgemäße Fütterung kann die Vögel sogar krankmachen, etwa wenn mit dem Kot durch unhygienische Verhältnisse am Futterhaus Salmonellen übertragen werden. Umgekehrt jedoch stellt die Winterfütterung gerade für Kinder und Jugendliche eine wichtige Naturerfahrung dar, durch die Verständnis für Natur- und Umweltschutz entstehen kann. Entscheidend ist, daß nur in wirklichen Notzeiten Futter angeboten wird, also bei hohem Schnee, Eisregen, starkem Rauhreif und Dauerfrost. Bei milderen Temperaturen die tägliche Ration erniedrigen und schließlich die Fütterung einstellen. Während der Brutzeit zwischen April und August sollte niemals gefüttert werden, da das Winterfutter für die Nestlinge eine einseitige Ernährungsgrundlage bildet. Das Futter muß trocken dargeboten werden und sollte nicht durch Kotreste beschmutzt werden können. Viel besser als Vogelhäuser, auf denen das Futter flächig verteilt liegt, sind für viele Arten deshalb Silobehälter, wo nur so viel Futter nachrutscht, wie jeweils gefressen wird.

Die Silofütterung schafft saubere Verhältnisse am Futterplatz und verhindert so gefährliche Infektionskrankheiten wie Salmonellen.

Futter für Gartenvögel

Körnerfresser wie Meisen, Finken, Kleiber, Sperlinge, Gimpel, Zeisige, Kernbeißer, Türkentaube und Buntspecht nehmen Sonnenblumenkerne, Hanf, Getreide oder fertig gemischtes Körnerfutter. Auch zerkleinerte Nüsse sind beliebt. Die Körner können für Kleiber, Spechte und Meisen in nahrhaften Rindertalg eingegossen und in Schalen oder Ringen aufgehängt werden.

Weichfresser wie Rotkehlchen, Amseln, Drosseln, Haubenlerche, Hecken-

braunelle oder Baumläufer fressen Haferflocken, Rosinen und zerkleinertes Obst. Attraktiv sind ferner im Herbst gesammelte und getrocknete Wildfrüchte, etwa Beeren von Holunder, Weißdorn, Vogelbeere oder Schneeball. Wasservögel bevorzugen alte Brotreste oder auch Getreideabfälle. Fleischfresser wie Bussard oder Turmfalke nehmen am Luderplatz ausgelegte Schlachtabfälle an. Schleiereulen lernen, Mäuse aus einem mit Stroh oder Heu gefüllten, bereitgestellten Behälter zu erbeuten.

Künstliche Nisthilfen

Das Angebot an Nistplätzen bestimmt bei vielen Vogelarten die Siedlungsdichte. Da aber hohle Bäume, leere Spechthöhlen, Mauerritzen und Steinspalten speziell im Siedlungsraum selten sind, kann man natürlichen Höhlen- und Halbhöhlenbrütern mit künstlichen Nisthilfen sehr erfolgreich helfen.

Maße für Nistkästen

Höhlenbrüter

Vogelart	Grundfläche	Höhe insgesamt	Höhe zum Flugloch	Flugloch
Baumläufer	11×12 cm	23–25 cm	18 cm	1,2×1,5 cm
Blaumeise	12×15 cm	24–28 cm	12 cm	2,6 cm
Haubenmeise	12×15 cm	24–28 cm	12 cm	2,6 cm
Sumpfmeise	12×15 cm	24–28 cm	12 cm	2,6 cm
Tannenmeise	12×15 cm	24–28 cm	12 cm	2,6 cm
Kohlmeise	12×15 cm	24–28 cm	12 cm	3,2 cm
Kleiber	12×15 cm	24–28 cm	12 cm	3,2 cm
Trauerschnäpper	12×15 cm	24–28 cm	12 cm	3,2 cm
Halsbandschnäpper	12×15 cm	24–28 cm	12 cm	3,2 cm
Haussperling	12×15 cm	24–28 cm	12 cm	3,2 cm
Gartenrotschwanz	12×15 cm	24–28 cm	12 cm	3,5×4,5 cm
Wendehals	15×15 cm	24–28 cm	12 cm	4,6 cm
Star	15×15 cm	35–50 cm	30 cm	5,2 cm
Buntspecht	15×15 cm	50–60 cm	40 cm	6 cm
Dohle	20×20 cm	50–60 cm	40 cm	15 cm
Rauhfußkauz	20×30 cm	40–50 cm	30 cm	7,5 cm
Hohltaube	25×25 cm	40–50 cm	30 cm	9 cm
Wiedehopf	25×25 cm	40–50 cm	30 cm	9 cm
Waldkauz	25×45 cm	50–60 cm	40 cm	13 cm
Gänsesäger	30×30 cm	70–80 cm	48 cm	15 cm
Schellente	30×30 cm	70–80 cm	48 cm	15 cm

Halbhöhlenbrüter

Vogelart	Grundfläche	Höhe insgesamt	Höhe der Vorderseite
Zaunkönig	10×10 cm	14 cm	10 cm
Rotkehlchen	10×10 cm	14 cm	6 cm
Bachstelze	12×15 cm	16 cm	3 cm
Hausrotschwanz	12×15 cm	16 cm	9 cm
Grauschnäpper	15×15 cm	16 cm	3 cm
Amsel	20×20 cm	16 cm	3 cm
Turmfalke	30×50 cm	30 cm	14 cm

fen. Nistkästen lassen sich entweder selber basteln oder im Fachhandel erwerben. Für den Eigenbau sind Holzkästen aus mindestens 2 cm starkem, innen ungehobeltem Hartholz (Fichte, Kiefer, Eiche, Erle) zu empfehlen. Fertigprodukte bestehen in der Regel aus dem bewährten Holzbeton. Von anderen Materialien, vor allem aus Blech und Plastik, ist abzuraten. Die Kästen sollten zur Kontrolle und Reinigung seitlich geöffnet werden können. Nistkästen hängt man am besten wettergeschützt und an möglichst ruhigen Orten auf.

Halsbandschnäpper gehören zu den über zwei Dutzend dankbaren Bewohnern künstlicher Nistgelegenheiten.

Literatur

Vogelbestimmung und Vogelkunde

Bezzel, E.: Singvögel. BLV Verlag, München 1983.

Bezzel, E.: Spechte, Eulen, Greifvögel, Tauben, Hühner u. a. BLV Verlag, München 1984.

Bezzel, E. Wasservögel. BLV Verlag, München 1985.

Bezzel, E.: Vögel beobachten. BLV Verlag, München 1989.

Brown, R., Ferguson, J., Lawrence, M. und Lees, D.: Federn, Spuren und Zeichen der Vögel Europas. Gerstenberg Verlag, Hildesheim 1988.

Bruun, B., Delin, H. und Svensson, L.: Der Kosmos-Vogelführer, Franckche Verlagshandlung, Stuttgart 1990.

Ferguson-Lees, J. und Willis, I: Vögel Mitteleuropas. BLV Verlag, München 1987.

Roché, J. C.: Die Vogelstimmen Europas. Franckche Verlagshandlung, Stuttgart 1984.

Sauer, F.: Steinbachs Naturführer Wasservögel. Mosaik Verlag, München 1982.

Sauer, F.: Steinbachs Naturführer Landvögel. Mosaik Verlag, München 1982.

Schulze, A.: Vogeltips für jedermann (mit Vogelstimmenkassette). Ehrenwirth Verlag, München 1990.

Naturnaher Garten

Witt, R.: Naturoase Wildgarten. Überlebensraum für unsere Pflanzen und Tiere. BLV Verlag, München 1992.

Witt, R.: Wildsträucher in Natur und Garten. Franckche Verlagshandlung, Stuttgart 1993.

Adressen

Vogel- und Naturschutz

Naturschutzbund Deutschland (NABU)
Herbert-Rabiusstr. 26
5300 Bonn 3
Natur- und Umweltschutzverband mit traditionellem Schwerpunkt Vogelschutz. (Ehemals: Deutscher Bund für Vogelschutz.) Geschäftsstellen in allen Bundesländern außer in Bayern, viele regionale Orts- und Kreisgruppen.

Landesbund für Vogelschutz
in Bayern (LBV)
Kirchenstr. 8
8543 Hilpoltstein
Auf Bayern beschränkt. Ähnliche Zielsetzungen und Arbeit wie Naturschutzbund Deutschland.

Bund für Umwelt- und Naturschutz
Deutschland (BUND)
Im Rheingarten 7
5300 Bonn 2
Natur- und Umweltschutzverband mit Geschäftsstellen in allen Bundesländern, zahlreiche Ort- und Kreisgruppen.

Österreichische Gesellschaft
für Vogelkunde
Burgring 7
A-1010 Wien
Schwerpunkte Vogelkunde und Vogelschutz. Arbeitsgruppen in allen Bundesländern.

Schweizer Vogelschutz (SVS)
Zurlindenstr. 55
CH-8036 Zürich
Arbeitsgruppen für Vogelkunde und Vogelschutz in der ganzen Schweiz.

Naturnaher Garten

Verein für naturnahe Garten- und Landschaftsgestaltung (Naturgarten e. V.)
Görresstr. 33
8000 München 40
Förderung der Naturgartenidee. Vernetzung von Fachleuten und Hobbygärtnern. Bundesweites Fachprogramm. Informationen, Kurse, Fortbildungen über naturnahe Gärten. Richtlinien und Gütesiegel. Versand seltener heimischer Wildpflanzen. (Information gegen 5 DM in Briefmarken.)

Bildnachweis